住みたい間取り

自分でつくる快適空間

木村 文雄 著

B&Tブックス
日刊工業新聞社

はじめに

　今この本を手に取っているあなたは、いつかは家を建てたいと思っていらっしゃる方でしょうか。あるいは何らかの事情で、にわかに家を建てることになってしまい、どうしようと慌てている方もいらっしゃるかもしれません。

　もしも、あなたが設計事務所にきちんと設計料を支払って、設計を頼もうと考えているようでしたら、この本を買って読む必要はありません。なぜならこの本に書かれていることぐらいは、設計事務所の建築士として知っていて当然のことだからです。もし結果的に満足のいかない家が完成したならば、その設計事務所を責めるより、選んでしまったあなたが不運だったと諦めるしかありません。

　この本をぜひ読んでいただきたいのは、設計事務所に頼むのではなく、ハウスメーカーに依頼したいと考えているあなたです。その理由は、あなたの最初の窓口となるのは、設計事務所のような建築士ではなく、いわゆる「営業」と呼ばれている社員だからです。その営業社員は、住宅設計のプロではないのです。

　プロというのは学校で建築を学んで卒業し、建築士の資格を取得したうえで、実務経験を積んだ人のことです。まれに建築士資格を有している営業もいますが、そんな人に出会う確率は極めて低いのが現状です。すなわち、今から家を建てようと考えているあなたは、設計のプロではない人と打ち合わせをして間取りをつくらなければなりません。もちろんハウスメーカーには、組織としてたくさんの建築士がいますが、あなたが最初に出会うのは営業社員であり、建築の非専門家と二人三脚で家づくりを進めていくことになります。

　さて、ここまで読んで腰が引けてきたあなたも、心配する必要はまったくありません。むしろ住宅の設計を楽しむチャンスだと捉えて、この本を読み進めてください。ほんの少し専門的な知識や知恵を身につけて、数々の工夫を知り、快適な家をつくり上げて欲しいと思います。住まいの間取りを考えることはとても楽しいことですし、それが自邸ともなればなおさらです。

　それから、この本は住宅の設計を学んでいる大学生や、ハウスメーカーの営業職の方にも読んでいただけるように、少し専門的な内容も含んでいます。できるだけ平易な表現を心掛けましたが、一般の方で難しいと感じた箇所があれば読み飛ばしていただいて構いません。

はじめに　•i•

●間取りを描くこと

　さて日本人は、世界でもまれに見る「間取りがうまく書ける国民」と言われています。その理由の一つは、畳が身近にあるからだと考えられています。畳のサイズを身体で覚えているので、6畳間というとだいたいの広さが感覚的にわかってしまう。8畳だとこのくらい、4.5畳だとちょっと狭い、といった具合です。

　小学生でも自宅を思い出しながら、正確ではないにせよ、なんとか家の間取りを書けてしまうのが日本人の特徴なのです。これが欧米人ともなると、何メートルとか何フィートとかという長さでしか理解できないので、日本人のように直感的に広さを認識することが難しいのだと思います。

　その特技を生かして、皆さんも自分で間取りをつくることに挑戦して欲しいと思います。その方法の基本となるのが「グリッド」という設計方法です。

　グリッドとは、格子状の線のことです。皆さんご存知のグラフ用紙によく似たもので、グリッド用紙というものがあります。間取りを考えるときには、このグリッド用紙を使います。グリッド用紙にはいくつか種類がありますが、特に木造住宅を設計する場合は、約9mm間隔で線が引かれているグリッド用紙を用います。間取りを書くには実際の家の大きさでは書けませんから、100分の1などの縮尺で描くのが一般的でわかりやすいのです。このグリッド線をガイドにして壁の線を引いていけば間取りは出来上がります。「グリッド」という言葉が耳慣れない方は、「マス目」と理解していただいても差し支えありません（図表0-0-0）。

●快適な家とは

　これから家を建てようと考えている方は、誰もが快適な家にしたいと考えていらっしゃるはずです。快適の反対語は不快ですが、そんな家をわざわざ建てようとする人はいません。では快適な家とは一体どういうモノなのでしょうか？

　まずはとにかく地震や台風でもビクともしない堅牢な家であること。また、簡単にドロボウに入ってこられては安心して夜も眠れませんので、ガードがしっかりした家でなくては快適ではありません。あるいは、暑さや寒さから守ってくれる断熱が、十分に施されていることも快適さに影響します。ちなみにエコで低燃費な住宅は、住み始めてからの光熱費を抑えることにもつながってお得です。ただしエコが快適かというと、そうでもありません。

図表 0-0-0　グリッド用紙を使って壁の線を引く

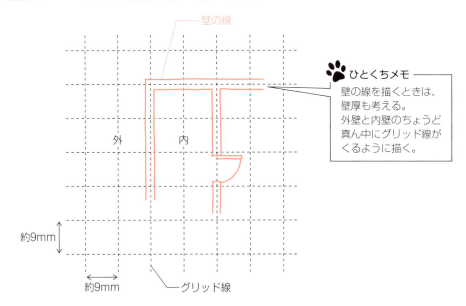

　ここまでのことは、快適さを実現するために重要であることには間違いありません。しかし実は本当に快適な家をつくるには、これからこの本で説明する間取りの良し悪しこそが、大きく影響するのです。

　では家の間取りと聞いて、皆さんが思い浮かべるのはどんなことでしょうか？ 必要な部屋の種類や数を表す 3LDK や 4LDK といった言葉を思い浮かべる方が多いのではないでしょうか。

　今お住いの家で不満に感じていることを、なんとか改善したいと思っている方もいらっしゃると思います。仮に今の家で十分満足していたら、わざわざ高いお金を出して家を建てようとは思わないでしょうから当然ですね。

　良い間取りを描くためには、とにかく実現したいことや改善したいことをきちんと整理することが重要です。そのために、チェックリストをつくると良いでしょう。そのリストを一つひとつ確認しながら間取りを考えていくことが大切です。この本を読んでいただき、少しでも頭を整理して、素敵な住まいを設計していただけたら嬉しく思います。

2017 年 10 月

　　　　　　　　　　　　　　　　　　　　　　　　　　　　木村　文雄

目　　次

はじめに　**i**

第１章　間取りとは何か

- 100 点満点の家はない！？　**2**
- 夫婦戦争勃発！　**2**
- 建てられる住宅の広さを知る　**3**
- 敷地を計算してみよう　**3**

第２章　部屋はこうして考える　〜間取りを構成するもの

2-1　間取りの全体像　……………………………………………　**8**

2-2　外周り　………………………………………………………　**9**

    （1）駐車、駐輪スペース　**9**

    （2）自転車置き場　**12**

    （3）玄関　**12**

    （4）アルコーブ　**12**

    （5）玄関先のベンチ　**12**

    （6）シンボルツリー　**13**

2-3　玄関・ホール　………………………………………………　**15**

    （1）玄関収納　**15**

    （2）手すり　**15**

    （3）腰掛け　**15**

    （4）広く感じさせる工夫：坪庭　**17**

2-4　廊下　…………………………………………………………　**19**

    （1）廊下の設計ポイント　**19**

    （2）収納スペースを兼ねる　**19**

    （3）カウンターを設ける　**19**

2-5　階段　…………………………………………………………　**21**

（1）階段の設計ポイント　　21

（2）リビング階段　　21

（3）階段の形で広く見せる　　21

2-6　リビング ……………………………………………………… 24

（1）リビングの設計ポイント　　24

（2）2 階リビング　　24

（3）コートハウス　　25

（4）広く感じる設計手法 1（視線を遠くに）　　26

（5）広く感じる設計手法 2（回遊性）　　27

（6）吹き抜け　　27

（7）勾配天井とあらわし梁　　29

2-7　ダイニング ………………………………………………… 30

（1）ダイニングの設計ポイント　　30

（2）ダイニングテーブル　　30

2-8　キッチン …………………………………………………… 32

（1）キッチンの設計ポイント　　32

（2）パントリー　　32

（3）家事コーナー　　32

2-9　和室と畳コーナー ………………………………………… 34

（1）畳コーナーの出現　　34

（2）和室の収納　　36

2-10　主寝室 …………………………………………………… 37

（1）主寝室の設計ポイント　　37

（2）クロゼット　　37

（3）夫婦別寝室について　　39

2-11　子供室 …………………………………………………… 40

（1）子供室の設計ポイント　　40

（2）スタディコーナー　　40

（3）子供室のゾーニング　　41

（4）風通しについて　　42

2-12　書斎コーナー …………………………………………… 43

2-13　水周り …………………………………………………… 44

（1）洗面室　44

（2）浴室　45

（3）トイレ　46

（4）ランドリー室　47

2-14	ロフト	49
2-15	バルコニー	50
2-16	屋根	52
2-17	収納	54
2-18	ファサードデザイン	55
2-19	照明計画とスイッチ、コンセントの位置	57

第3章　理想の住まいを考える　～間取りをつくるために必要なこと

3-1	自分で間取りをつくる意味	60
3-2	必要な部屋をリストアップする	61
3-3	ウェルバランス・ビーング・マップ	62

（1）健康・安心　62

（2）防災・安全　64

（3）コミュニティ　64

（4）エコロジー　64

（5）ライフスタイル　64

| 3-4 | 方位と接道 | 66 |

（1）隣の建物の影響を考える　66

（2）忘れがちな太陽の向き　66

（3）一日の生活をイメージする　67

| 3-5 | 動線計画を考える | 68 |

第4章　間取りのコツ　～ワンランク上の考え方

4-1	玄関の位置のベストポジションを考える	72
4-2	お隣さんへの配慮を忘れずに	74
4-3	パブリックゾーンとプライベートゾーン	76

4-4	窓の位置と大きさ、型を決める	77
4-5	借景を考える	79
4-6	中間領域を考える	80

第5章　実際に間取りを描いてみる

| 5-1 | 住宅の寸法を知る　―モジュールについて | 84 |
| 5-2 | 場所を決める　―ゾーニング | 86 |

（1）1階のゾーニング　87

（2）2階のゾーニング　90

| 5-3 | 間取りの下書き | 93 |

（1）家具のサイズを把握する　93

（2）水周りのサイズを知る　94

（3）部屋のサイズを知る　97

（4）壁の線を描く　100

| 5-4 | 立体的に考える | 101 |
| 5-5 | 図面として完成させる | 103 |

第6章　プロが考慮している必須事項　～住宅建築基礎知識

6-1	方位と季節	106
6-2	太陽高度と日射遮蔽	107
6-3	パッシブデザイン	108
6-4	換気	111

（1）なぜ換気は必要なのか　111

（2）自然換気について　111

| 6-5 | 法律（建築基準法、民法ほか） | 112 |

（1）用途地域　112

（2）斜線制限　112

（3）採光に関する法律　113

（4）道路（接道）に関する法律　113

目　次　•vii•

間取り見本

完成図例①　**118**

完成図例②　**120**

完成図例③　**122**

あとがき　**132**

コラム

凹凸が多い家は価値が高くなる？　**23**

屋上利用のすすめ　**53**

モデルハウスに惑わされない　**60**

バリアフリーとユニバーサルデザイン　**70**

窓と開口　**78**

建築学部の学生が初めて耳にする「エスキス」　**100**

設計をするときの文具　**101**

引き戸のすすめ　**103**

ペットのように愛したくなる車　**110**

チラシ広告の罠　**111**

地下室のすすめ　**116**

第1章　間取りとは何か

●100点満点の家はない！？

　これから家を建てようと計画されているあなたは、今まさに出来上がった素敵な住まいを想像して、夢に満ちあふれているはずです。私も素直に羨ましく思います。夢の間取りを手に入れるには、決して失敗しないようにしなければなりません。

　よく、「家は三度建てても満足いくものはできない」と言われます。しかし、このご時世で何度も建てられる人はほとんどいませんし、そのような人がいたとしたら、なんだか癪に障ります。

　私は、一生一度の大きな買い物を決断したあなただからこそ、協力したいと思っています。しかし最初に断っておきますが、いくら頑張って設計しても住む人全員が満足だと思う家はほとんどありません。不満は、必ずと言っていいほど残ります。それは建築家に頼んでもハウスメーカーに頼んでも同じです。要するに完璧な住まいはつくれないのです。一体なぜなのでしょうか。

　それは、いくら話し合いを重ねても家族それぞれの思いを完全に一致させることは難しく、どこかで家族の誰かが妥協して我慢することが出てくるからです。それが住まいなのです。

●夫婦戦争勃発！

　例えばよくある話ですが、書斎の例があります。ご主人はどうしても書斎が欲しいと考えていました。奥様は、はじめはそれに反対する気持ちはなかったのですが、間取りを検討するにつれ、どうせ使うはずもない書斎より、キッチンを広くして欲しいと思い始めます。さあ、ついに夫婦戦争勃発です。

　相談相手は住宅会社の営業社員だけです。まだ経験が浅く、知恵の少ない若手営業社員だと、ご主人は途方に暮れてしまうでしょう。では経験豊富で弁がたつベテラン営業社員だといいでしょうか？

　ベテラン営業社員は、おそらく奥様に軍配が上がるように誘導するでしょう。また若手営業社員は、書斎かキッチン拡張か、どちらか一つを諦めてもらい、はじめに白黒はっきりさせる方法を選ぶでしょう。しかし、営業でも建築士でも、本物のプロは両者のプライドを傷つけず、間を取ったバランスの良いアイデアを提案できるのです。

　でも、そのようなプロをどうやって探せばよいのかわからないですよね。だからこの本を読んでいるあなたが、少しでも本物のプロに近づけば良いと思いませんか？

この本では、そのための知識や考え方を説明していきたいと思います。

さて、話を戻します。そもそも、夫婦戦争が起きるのは、実は敷地のせいなのです。

なぜ夫婦戦争は敷地と関係するのか？ 言うまでもありませんが、それは建てられる広さが限られているからです。ですから、まずはあなたの敷地にどのくらいの広さの住宅が建てられるのかを知る必要があります。

●建てられる住宅の広さを知る

耳にしたことがある方も多いと思いますが、建ぺい率と容積率が法律（建築基準法）で定められていて、その制限の範囲でしか家は建てられません（図表 1-1-1）。

例えば 40 坪の敷地で、建ぺい率が 60％だと 24 坪まで建てられます。また容積率が 150％であれば 60 坪まで床をつくることができます。この率は土地により異なり、都市計画法における用途地域で定められています。第 6 章で解説しますが、ここではそういう法律があって、建築が制限されることを理解してください。

また斜線制限というのがあって、これも法律で決まっています。ちょうど鳥かごのように、目には見えない網のようなものがあり、その中だけに建てていいと決められていると思ってください。そんな制限がなぜあるのかについても第 6 章で解説します。理屈はともかく、そうなのだと思ってください（図表 1-1-2）。

●敷地を計算してみよう

ではさっそく、あなたの敷地で計算してみましょう。ギリギリに計算するのではなく、安全率（余裕）をみて小さめに計算します（図表 1-1-3）。ギリギリに計算して、オーバーしてしまったら、せっかく考えた間取りが無駄になってしまいます。

仮に土地の面積が 124m² だとします。建ぺい率が 60％で容積率が 120％だと制限されている場合、建てられる建築面積は、124m² の 60％です。つまり 74.4m² となります。容積率が 120％ですから、延べ床面積は 148.8m² となります。

延べ床面積を超えることはダメですが、小さくすることはもちろん構いません。

自分で計算するのが面倒であれば、どこかのハウスメーカーの展示場にでも行ってアンケートに名前を書けば、営業社員がすぐに飛んで来るでしょう。そこで「私の敷地に、どのくらいの面積の家が建てられるのかを計算して欲しい」と言えば、喜んで

図表 1-1-1　建ぺい率と容積率

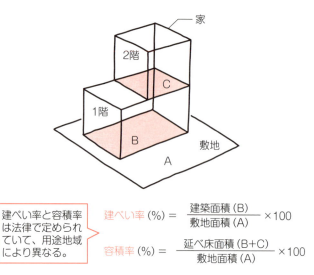

建ぺい率と容積率は法律で定められていて、用途地域により異なる。

建ぺい率(%) = $\dfrac{建築面積(B)}{敷地面積(A)} \times 100$

容積率(%) = $\dfrac{延べ床面積(B+C)}{敷地面積(A)} \times 100$

<2階が1階から飛び出ている場合>

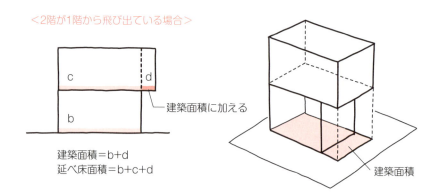

建築面積＝b+d
延べ床面積＝b+c+d

建築面積に加える

建築面積

 ひとくちメモ

敷地面積とは、土地の広さ。
建築面積とは、建物を真上から見たときの投影面積。
延べ床面積とは、各階の床面積の合計。

図表 1-1-2　斜線制限

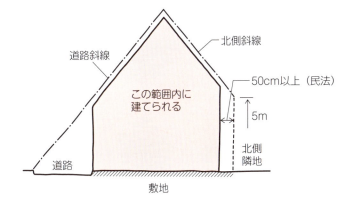

図表 1-1-3　敷地の計算例

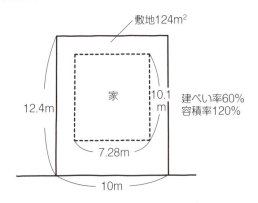

建てられる建築面積　$124m^2 \times 0.6 = 74.4m^2$

建てられる延べ床面積　$124m^2 \times 1.2 = 148.8m^2$

やってくれますが、簡単ですから自分でやってみてください。
　建てられる面積がわかったら、その範囲で間取りを考えていくことになります。2階建てにするか3階建てができるのかもこれでわかります。

第2章 部屋はこうして考える
～間取りを構成するもの

2-1 間取りの全体像

　戸建住宅の間取りを構成しているのは、居室とそれ以外に分類できます。

　居室とは、リビングルームやダイニングルーム、キッチン、夫婦の寝室（主寝室）、子供室、和室などのことです。一方、居室以外とは、玄関、洗面室、浴室、トイレ、階段室、廊下、納戸や押入れ、クロゼットなどです。家族はこれらの部屋を必要に応じて行き来するわけですが、その移動がスムーズにできるように工夫する（設計する）ことが、すなわち間取りを考えることになります。

　なぜ部屋を行き来するのか。それは当たり前ですが生活をしているからです。生活することを生活行為と言います。生活行為の種類はたくさんあります。食事をする・顔を洗う・お風呂に入る・調理をする・洗濯する・就寝するなど。これらの行為は一連の流れ（習慣）でおおむね決まっていて、家族それぞれで異なります。とりわけ家事行為を効率良くこなすために間取りを工夫することは、間取りを考えるうえでとても重要です。

　また方角も重要です。どのあたりにどんな部屋を置くかをよく考えなくてはなりません。例えば西陽はきついので、夏場のことを考えると、傷みやすい食材を扱うキッチンは西側を避けたほうが良い

とされています。

　さらに部屋の広さを決めるには、家具のサイズを知ってなくてはなりません。今まで使っていた家具を用いるのであれば、部屋に入るかどうか寸法を測っておく必要があります。

　では、まずは各部屋の意味や間取りを考えるうえでのポイントを説明していきます。

間取りに必要な要素
一、生活行為をスムーズに行えるようにすること
一、方角
一、部屋の広さ

2-2 外周り

(1) 駐車、駐輪スペース

<広さの考え方>

　第1章でふれた斜線制限の範囲から、車がはみ出しても構いません。ただし、当たり前ですが、道路にはみ出しては法律違反になります。ですから敷地の中にしっかりと入るように考えなくてはなりません。

　駐車スペースの広さは車の大きさによって決めます。中型車で3m×5mぐらいが必要です（図表2-2-1）。軽自動車

図表2-2-1　中型車の駐車スペース

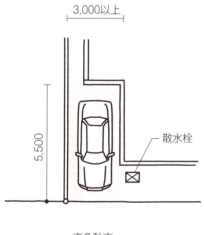
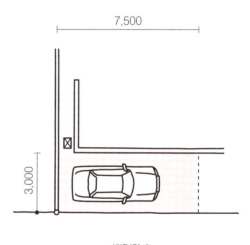

直角駐車　　　　　　　　　　　　　縦列駐車

〈車のサイズ〉

	全長	全幅
大型車	5,200	1,900
中型車	4,800	1,700
小型車	4,500	1,680
軽自動車	3,400	1,480

5ナンバー車（MAX 4,700×1,700）　　　　　　　※単位は〔mm〕

第2章　部屋はこうして考える～間取りを構成するもの

図表 2-2-2 「外壁芯」と「有効距離」

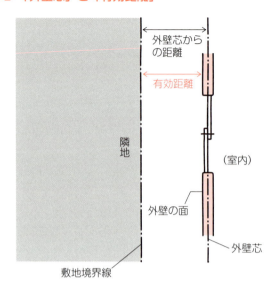

であればもっと狭くても大丈夫ですし、逆に大型車ですともっと広くなります。

間取りを描く際は、隣地や道路との境目である敷地境界線から外壁芯までの距離を3mにしてしまうと、外壁の厚みや塀の厚み分が引かれて、実際に使える距離（有効距離）はもっと狭くなります（図表2-2-2）。

よく間口が2.5m程度でも大丈夫なように言われていますが、その場合は高い運転技術が必要です。自動運転技術の進歩で、車庫入れも簡単にできる車が出現しています。しかし、仮にうまく停められたとしても、ドアを半開きにして乗り降りしなくてはならないためおすすめできません。

＜忘れがちなポイント＞

洗車や花壇への水やりのための蛇口（立水栓や散水栓など）も屋外に付けることを忘れないようにしましょう。

雨の日に濡れずに車に乗り降りできるととても便利です。いちいち傘を出すのは大変ですし、買い物袋やカバンを濡らさずにすみます。完全に駐車スペースを屋内にしてしまうビルトインタイプの車庫がつくれれば便利ですが、そのぶん家の価格が高くなります。設計士と十分相談してください。

2階が1階より出っ張っているオーバーハングタイプの駐車スペースも便利です。ただし、出っ張らせることができる長さはハウスメーカーによって異なります。図表2-2-3は1.365mの例で

図表 2-2-3 駐車スペース

＜ビルトインタイプ＞

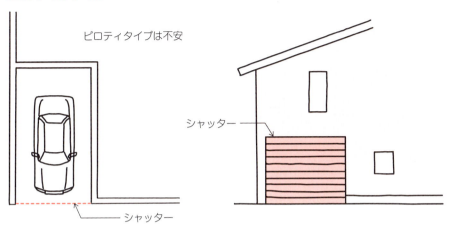

＜オーバーハングタイプ＞

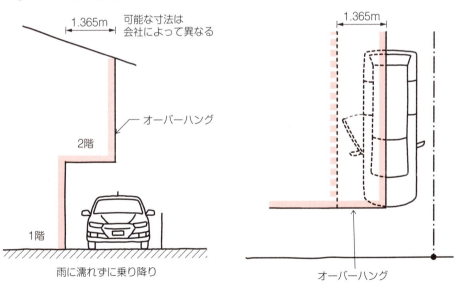

図表 2-2-4　玄関の工夫

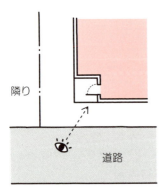

玄関ドアの吊もとを道路側にすることで、開けたときに中まで見られない。

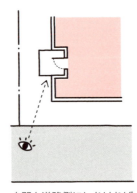

玄関を道路側にしなければ中まで見られない。外壁を少し引っ込めるとさらに良い。

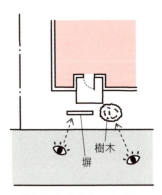

少し高め（h≧1.5m）の塀や樹木で視線をブロック。

すが、2m ぐらいまでできるハウスメーカーもあります。

(2) 自転車置き場

　案外忘れがちなのが自転車置き場です。ないがしろにすると玄関周りが雑然として品格がなくなります。行き交う人から直接見えないようにすることで、スッキリした外部空間ができます。

(3) 玄関

　玄関ドアが道路に直接面している家をよく見かけます。玄関ドアは家の顔だと言う人もいますが、私はそんなことで家の風格を表しても仕方がないと思います。玄関ドアを開けたときに、外から家の奥まで見通せてしまうのは、恥ずかしいもの

のです。奥ゆかしく、品格のある家の玄関ドアは、道路に直接面しないよう設計します（図表 2-2-4）。

(4) アルコーブ

　玄関ドアの上に庇がないと雨の日に困ります。普通の庇を取り付けるのでもいいのですが、外壁を少しだけ引っ込めると庇の代わりになります。これを「アルコーブ」と言います。とても有効なので間取りを考えるうえで覚えておきましょう（図表 2-2-5）。

(5) 玄関先のベンチ

　買い物から帰宅した際に、買い物袋やバッグを持ちながらドアを開けるのは面倒です。玄関先のポーチにベンチがある

図表 2-2-5　アルコーブ

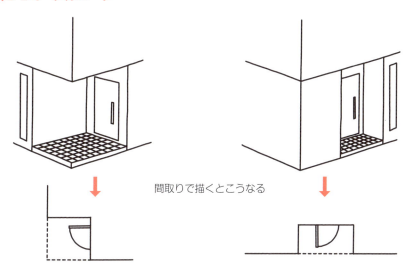

間取りで描くとこうなる

と、荷物をちょっと置くことができます。そこにプランターなどを飾って置くのも素敵です。

　設計のポイントは、ベンチを支える脚をできるだけ隠すような工夫をすることです。ベンチが浮いたように見えて軽快感が生まれます（図表 2-2-6）。

(6) シンボルツリー

　最近では、家の庭に樹木を一本も植えていない家を多く見かけるようになりました。広い敷地があれば庭木をたくさん植えることもできますが、このご時世でそうはいきません。狭い敷地で目一杯建築すると、庭はおろか門扉や塀すらつくれないのが現実です。そんなときにたった一本だけでもいいので樹を植えること

図表 2-2-6　玄関先のベンチ

図表 2-2-7　シンボルツリー

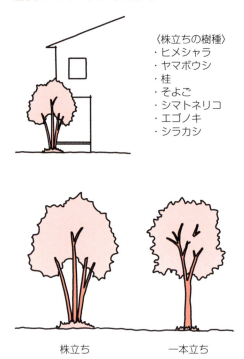

で、住まい手の街への気配りが感じられ、行き交う人が優しい気持ちになれます。

　象徴的な一本としてシンボルツリーを選ぶのも楽しいものです。庭木の趣味は住まい手の人柄や好みが滲み出ます。私は葉が薄くサラサラとした樹種で、株立ちの樹木が好きなのでご紹介しておきます（図表 2-2-7）。

　ただし、樹木はその土地の気候風土に合ったものを選ぶことが望ましいので、造園の専門家とよく相談して決めるほうが賢明です。

2-3 玄関・ホール

（1）玄関収納

　玄関は何かと訪問者に見られてしまうところです。ご近所の方や宅配便を届けていただいた際に、どうしても覗かれてしまいます。玄関ドアを開けた瞬間に、その家人の人となりがわかるものです。

　玄関には靴や傘などはもちろんのこと、ベビーカーや子供のバットやサッカーボールにスケートボード、お父さんのゴルフバッグから車のメンテナンス用品まで、様々なものが溢れてしまいます。

　そんな雑多なモノをまとめて収納できる場所が、玄関脇にあると便利です（図表 2-3-1）。

（2）手すり

　現代の住宅では、土間から玄関ホールに上がる段差が、おおよそ 20cm 未満です。これは階段一段分ほどですから、上がりおりは苦ではないのですが、玄関ですから靴の脱ぎ履きをしなくてなりません。油断をするとバランスを崩して危険です。フラついた経験をお持ちの方もいらっしゃると思います。

　そんなときに手すりがあれば安心です。タテに付けるのがポイントです（図表 2-3-2）。新築時ではなく後から付ければいいと思っていると、ついつい面倒になってなかなか付けないことになります。場合によっては手すりを付ける壁に、下地補強をしなくてはならないこともあり、案外と費用が掛かってしまうかもしれません。はじめからつけておくほうが賢明です。

　また、手すりの素材やデザインも重要です。掴まっても滑ってしまっては元も子もありません。安いプラスチックのようなモノだと、せっかくの玄関の雰囲気が台なしです。本物の木材などを使うとアクセントになって素敵です。

（3）腰掛け

　昔は土間から玄関ホールに上がる段差が 35〜40cm くらいあったため、上がりおりが大変でした。それを少しでも緩和するために、「式台」という薄い板や石を置いている家もありました。しかし現代住宅ではその必要はありません。バリアフリーという考え方が浸透し、段差が少ない家が多くなったからです。

　そのために困ったことも起きました。ご近所さんが、町内会の用事などで訪れた際に、ちょっと腰掛ける場所がなくな

第 2 章　部屋はこうして考える〜間取りを構成するもの　•15•

図表 2-3-1　玄関収納

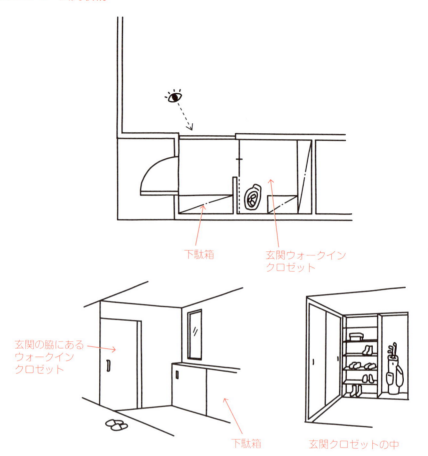

図表 2-3-2　玄関の手すり

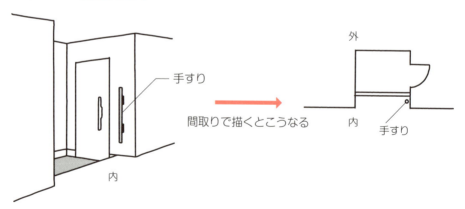

図表 2-3-3　腰掛けと玄関まわりの工夫

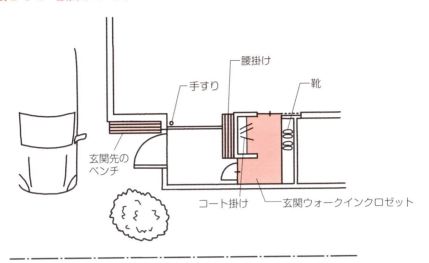

ったのです。その昔は、段差が椅子の高さぐらいあったので、腰掛けるにはちょうど良かったのです。奥から座布団を持ってきて、お客様にはそこに腰掛けていただき用事を済ませたり、ついでに世間話に花を咲かせたりしました。

その問題を解決するために役立つのが腰掛けです。段差の代わりの役割を果たします。つくり付けておくとスッキリして見えます。

また段差をまたがってベンチを設けることで、高齢になったときに腰掛けながら靴を履いたり脱いだりできて安全で楽です（図表 2-3-3）。このベンチは飾り棚の役割も果たします。

(4) 広く感じさせる工夫：坪庭

玄関は、広すぎず狭すぎずが良いのですが、実際は狭くても広く感じさせる方法があります。それは先人の知恵で、坪庭を使うことです。坪庭というと純和風だと思われるかもしれませんが、現代風にアレンジすることもできます。

人は閉鎖的だと狭く感じ、開放的だと広く感じます。本当は広くなくても、ほんの少しの工夫で広く感じさせることができます（図表 2-3-4）。

図表 2-3-4　坪庭

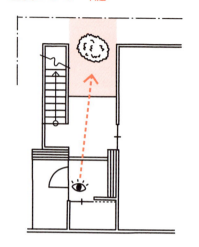

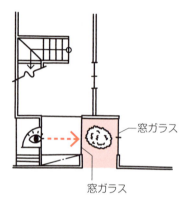

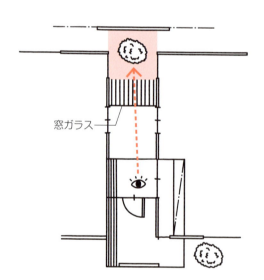

2-4 廊下

（1）廊下の設計ポイント

　玄関を上がると玄関ホールから廊下へと進んで、いろいろな部屋に入るのが一般的な住宅です。しかし、廊下を省略していきなりリビングに入るプランもあります。設計事務所の建築家などはよくそのような設計をします。しかし、ここではあくまで一般的な間取りのなかで、どのように工夫すれば良いかを知ってもらいたいと思います。

　廊下は通路であることは言うまでもありません。廊下の幅はだいたい80〜90cmぐらいです。通路ということは、それ以外に使い道がないのです。椅子を置いてくつろぐこともできないので、考えてみるともったいない場所です。一日の中で、廊下での滞在時間はとても少ないのです。

　少しお金のことに触れますが「この家は坪いくらでできている」という表現をします。これを坪単価と言いますが、1坪は3.3m^{2}で畳2枚分です。家全体の総額を床面積で割ると坪単価が出ます。

　そこで話を元に戻すと、滞在時間の多い部屋はいいのですが、廊下のような滞在時間の少ないところにお金を払うのはもったいないと思いませんか。できるだけ廊下に占める面積は少なければ少ないほど得です。要するに、廊下を短くすることが得策です（図表2-4-1）。

（2）収納スペースを兼ねる

　廊下を有効に使う方法もあります。先ほど廊下の幅のことを言いましたが、ほんの少し広げる工夫をしたら、とても便利で有効な場所に変化します。例えば30cmだけ広げて、その部分に棚を設けると膨大な収納になり、飾り棚としても利用できます（図2-4-1）。

（3）カウンターを設ける

　廊下にカウンターをつくり付ければ、ちょっとしたワークデスクになります。2階の階段手すりの代わりに棚にしてしまう方法もあります（図2-4-1）。

第2章　部屋はこうして考える〜間取りを構成するもの　•19•

図表 2-4-1　廊下の有効活用例

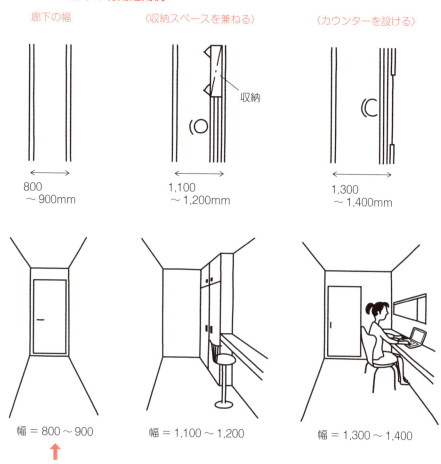

2-5 階段

(1) 階段の設計ポイント

　さていよいよ階段ですが、住宅で一番難しいのが階段の設計です。プロとアマの違いがはっきり出るところです。プロにとっては腕の見せどころでもあります。なぜなら、階段を設ける位置によって、その家の使い勝手が大きく変わってしまうからです。

　使い勝手は「動線長さ」に関係します。詳しくは第3章で説明しますが、プロは常にこの動線長さを意識して間取りをつくります。動線長さを無視してしまうと、使い勝手だけでなく、長い廊下のような無駄な部分が増えてしまうことにもなります。くどいようですが、階段の位置は間取りで一番重要と言っても過言ではありません。

　一般的には、玄関ホールや廊下に階段を設けて2階に上がります。

(2) リビング階段

　2階に上がるための階段までは、どうしても廊下が必要です。廊下をまったくゼロにするのは難しいのですが、極力短くする方法の1つとしてリビングから2階に上がる方法もあります。それがリビング階段です。

　リビング階段にすると、子供が帰宅して2階の自分の部屋に行くのに、必ずリビングを通らなければなりません。それが教育上良いという考え方もありますが、真偽のほどは定かではありません。

　また暖房のことを考えると、エアコンなどでリビングを温めた空気は階段を伝って上昇してしまいますので、暖房が効きにくくなり、もったいないとも言えます。リビング階段を設ける場合は輻射熱による床暖房なども併用することをおすすめします。

(3) 階段の形で広く見せる

　階段のタイプはいろいろあります（図表2-5-1）。階段の段数は階高にもよりますが、15段ぐらいが一般的です。

　図表2-5-1の①は直階段や鉄砲階段と言います。スペースは少なくて済みますが、万一転倒すると下まで落ちてしまいますので注意が必要です。②は途中で直角に曲がる階段です。③は途中で180度曲がるタイプで直階段に比べると安心ですが、直階段より大きな面積を占めてしまいます。また④のように途中で3段もしくは6段で曲がるタイプは、

第2章　部屋はこうして考える〜間取りを構成するもの　•21•

図表 2-5-1　階段のタイプ（15段の例）

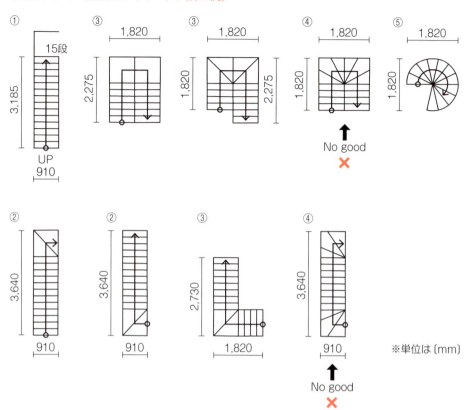

図表 2-5-2　ストリップ階段

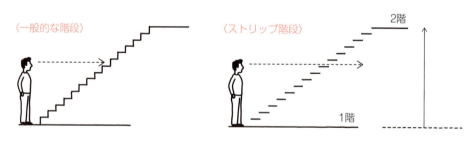

段板が三角形で中心側ほど細くなってしまうので、足を踏み外しやすく危険です。⑤はらせん階段で素敵なのですが、④と同様で段板が三角ですので、何か荷物を持って上り下りする場合などは、細心の注意が必要です。

ハウスメーカーや一般の工務店などの多くは、ストリップ階段やらせん階段をあまり設計しません。一方で設計事務所はこのタイプを多用していることが、筆者の研究室の調査で明らかになりました。

ストリップ階段は段板だけでできているので、階段の向こうが見通せて空間が広く感じられる効果があります（図表2-5-2）。しかし、階段の裏側や細部（ディテール）まで丁寧に作らなくてはなりません。階段を単に階を上下するだけのものと捉えるのではなく、美しくデザインすることは設計士の腕の見せどころでもあります。

ポイント

・階段は15段が一般的！
・途中で3段もしくは6段で曲がるタイプは避ける！

コラム　凹凸が多い家は価格が高くなる？

住宅の価格はハウスメーカーによって異なります。したがって、数社から見積もりをとって、比較する必要があります。仮にまったく同じ間取りでも、見積もり金額がメーカーによって異なってしまいます。ではなぜ会社によって差が出てしまうのでしょうか？

一つの理由はハウスメーカーによって、建材や仕上げ材の仕入れ値が異なるからですが、実はもう一つ理由があります。それは見積もりの方法が各社独自であるため差が出てしまうのです。ほとんどの会社がコンピュータで見積もりをしますが、その見積もりシステムが統一されていないのです。またシステムの中身はブラックボックスなので、見積書を見ても計算根拠は素人ではわかりにくいのです。

例えばハウスメーカーによっては、家の外形の凹凸数が増えると高くなることもあります。凸凹部分では役物という特別な部材が使われ、その工事の手間賃が上乗せされるのです。また凹の形になると外壁の面積が増えるので材料費が増え、高くなるのは確かです。

第2章　部屋はこうして考える～間取りを構成するもの　・23・

2-6 リビング

(1) リビングの設計ポイント

　リビングは家族が集まる家の中心的なスペースですから、いちばん快適な場所であることが望ましいです。テレビの前にソファが1つだけ置かれていれば、大概の家庭ではお父さんが陣取ってしまい、家族はリビングに近寄りにくくなります。うっかり近寄ると「勉強はしているか」と聞かれたり、昼間の仕事の愚痴でも聞かされようものなら、そそくさと逃げ出したくなる気持ちも理解できます。

　休日や食後に、家族が各自の部屋にこもってしまっては団らんも何もありません。ではどうしたらいいのでしょうか？

　「家族とは何か」などと言う話を持ち出すつもりはありませんが、間取りのつくり方次第で、少しは良い関係を築くことができます。設計の段階であらかじめ、お互いに「気配が感じられる、ほど良い距離」に家族それぞれの居場所を設けておくことがポイントなのです（図表2-6-1）。

(2) 2階リビング

　リビングを1階に設けるか2階に設けるかは大きな分かれ道です。家族の生活スタイルや、敷地環境（隣の建物の配置や方角）との関係でよく考える必要があります。

　住宅が密集している敷地で、1階にリ

図表2-6-1　リビングには家族それぞれの居場所を設ける

ビングを設けてしまうと、太陽の光が一日中まったく入ってこないことも起こり得ます。必ずしも直射日光が入ってくる必要はありませんが、一日中薄暗いリビングでは気が滅入ってしまいそうです。それでも1階にリビングを設けたい場合は、光をうまく採り入れるための工夫が必要です。

(3) コートハウス

1階にうまく光を採り入れる一例として、コート（中庭）を設けるという考え方があります。そうすることで、隣家の影響を受けずに光や風を採り込むことができます（図表2-6-2）。とりわけ敷地の間口が狭くて奥行きのある細長い敷地の場合に有効です。

例えば、お隣の家が敷地境界線ギリギリに建っている場合、もし普通に建ててしまうと部屋は薄暗く昼間でも照明をつけることになりかねません。それをなんとか避けるために有効なのが、このコートハウスです。

図表2-6-2　コートハウス（中庭）

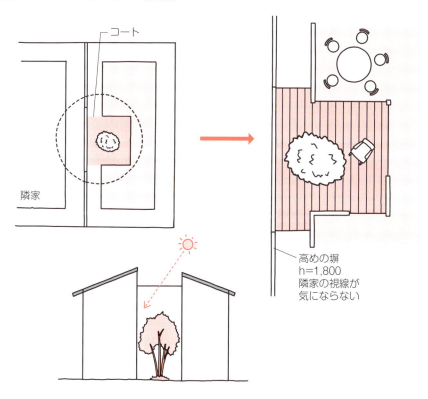

この中庭を道路側に面しないように設ければ、道を行き交う人の視線も気にする必要がありません。リビングやダイニングに連続させると中庭の外部空間が、あたかも内部空間に取り込まれたようになり、広々と感じます。暖かい時期には中庭でブランチを楽しんだり、さながらオープンエアーカフェが自宅にできることになるのですから、考えただけでワクワクします。

中庭には落葉樹などを植えることで季節の移ろいが感じられて良いと思います。あるいは竹なども風情があって、とりわけ若葉の頃は春風に葉が揺られ、爽やかな気持ちになります。

（4）広く感じる設計手法1（視線を遠くに）

実際に部屋の面積が広いことと、広く感じることとは異なります。筆者の研究室では「視点間距離」という考え方で、住居をどのような方法で設計すれば広く感じられるかを研究しています。わかりやすく言うと、視線がどこまで届くかということを意識して設計することで、広く感じられたり狭く感じられたりするのです。

壁などの何かに遮られたりすると、視線はそこで止まってしまいます。できるだけ視点間距離を長くすることが、広く感じさせる秘訣です。図表 2-6-3 に簡単な例を示しましたので参考にしてください。

図表 2-6-3　広く感じる設計手法1　視線がどこまで届くかを意識する

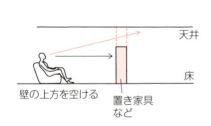
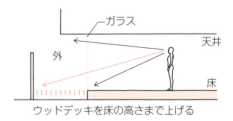

図表 2-6-4　広く感じる設計手法2　行き止まりをつくらない

ぐるりと一周できるような家具の配置にする

〈例1〉　〈例2〉

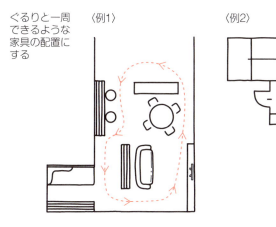
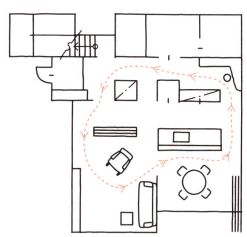

(5) 広く感じる設計手法2（回遊性）

　家の中をぐるっと一周できるような間取りにすると、広く感じられることはよく知られています。言い換えると、なるべく行き止まりをつくらないということです。実際の面積が広いわけではないのですが広く感じるのです。あくまで精神的なことですが、とても有効な設計手法と言えます。

　しかしこれは案外難しく、やはりどうしても行き止まりが多くなるのは仕方ありません。無理矢理ぐるっとまわれるようにするのではなく、生活動線や家事動線をよく考えて、その結果として上手くまわれるように間取りができたら、良しとしましょう。

　図表2-6-4ではLDKのなかでまわれるようにした例です。広さにある程度余裕がないと難しいのですが、このようにすれば広々と感じることができます。

(6) 吹き抜け

　リビングルームなどは広々としているほうが気持ち良いですから、2階まで吹き抜けて天井が高くなっていると晴れやかな感じがします。

　しかし、吹き抜けは必ずしも良いことばかりではありません。その分のフロア一面積は減ってしまいますし、高い天井面に照明器具を付けた場合は電球を交換することもままなりません。長持ちする

図表 2-6-5　吹き抜けの問題点

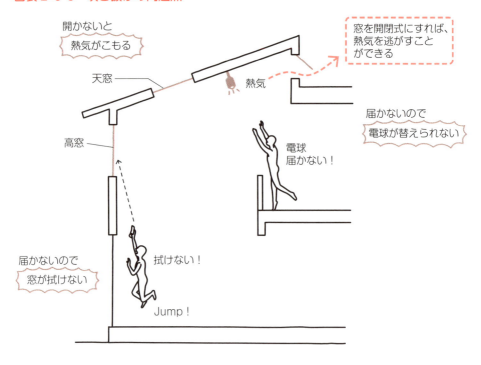

図表 2-6-6　広く感じさせる設計手法 3　連続させる

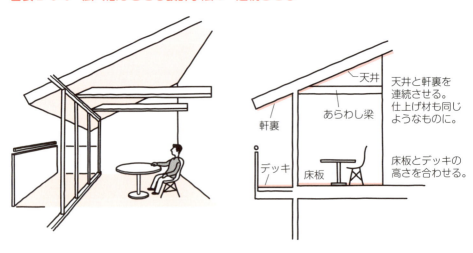

LEDが主流になりつつあるとはいえ、この点を検討しておく必要があります。

また、高いところに窓をつける場合は、「どうやって拭くか」もあらかじめ検討しておかなければなりません。

さらに、暖かい空気は軽く上昇しますので、特に夏場は上部に溜まった熱を外に排出することを考えておく必要があります。よくある例として、開閉できない高窓や天窓を付けてしまう住宅があるようですが、それは良くない設計と言えます（図表2-6-5）。

(7) 勾配天井とあらわし梁

階をまたがって吹き抜けにするのではなく、部屋の天井を張らずに、屋根の形状に沿って勾配なりの天井にする方法も、広々と感じて気持ちの良い空間になります。また構造体である梁をあえて見せることで、さらに遠近感が出て広く感じます。この梁（あらわし梁）は照明器具を取り付けるのにも便利です。

また外の軒裏を屋内の天井面に合わせて連続させると、部屋が広く感じます。さらに仕上げ材を同じようなものにすると、より効果が増します（図表2-6-6）。

> ポイント
> ・リビングに家族それぞれの居場所をつくる！
> ・広く感じさせるために遮るものを少なくする！
> ・吹き抜けにする前に問題点も把握しておく！

2-7 ダイニング

(1) ダイニングの設計ポイント

　食事をする場所はよく考えて決めなくてはなりません。ついつい夕食時のことを考えてしまいがちですが、まずは朝食のことを思い浮かべましょう。やはり朝陽を浴びた明るい食卓は健康的で、身体も心もスッキリと目覚めて一日が気分良くスタートできそうです。そう考えると東側に窓が付けられる場所が良いことがわかります。

　しかしせっかく窓を東側につけても、隣家の陰になってしまい、窓から朝陽が入ってこないようでは元も子もありません。そのため、季節や時刻による日差しの入り方と隣家の位置を考えて、窓を取り付ける位置を決める必要があります。しかしこれを正確に行うことは容易ではありません。ここはプロに相談するほうが良いでしょう。

　自分で確認したい人には、SketchUp（スケッチアップ）というフリーソフトもあります。隣の家で陰になってしまうかどうかをチェックすることができます。

(2) ダイニングテーブル

　テレビドラマでもよく食事のシーンが登場するように、食事をする行為は家族団らんの象徴でもあります。大概は家族構成に合わせて4人掛けや6人掛けの四角いテーブルを置くのが一般的ですが、あまり大きいテーブルを置くと邪魔になってしまいます。4人掛けで必要なときに天板を伸ばせるエクステンションタイプのテーブルもありますが、私は丸テーブルをおすすめします。

　その理由は図表2-7-1でわかるように、人数が多少増えても、少し詰めて座れば何とか対応することができるからです。そのうえ案外、場所を取らずに済みます。

　四角いテーブルの場合は詰めて座ろうとすると、どうしてもテーブルの角に座る人が出てしまいます。また仮に2人だけで座るときにも、四角いテーブルだと向かい合わせに座ることが多いと思いますが、丸いテーブルだと斜向かいや横に座っても違和感はありません。

　私自身、対面して座るのが苦手で、相手にかかわらずなぜか恥ずかしい気持ちになります。若きカップルのように見つめ合うことも、悲しいかなもちろんありません。

図表 2-7-1　丸テーブルのすすめ

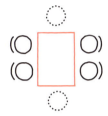

長方形テーブル
900×1,200

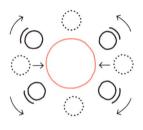

丸テーブル
Φ1,100～1,300

座れる人数
MAX 6 人

テーブルの面積
1.08m²

座れる人数
MAX 8 人

テーブルの面積
0.95m²

※単位は〔mm〕

- ダイニングは東側。窓が付けられる場所にする！
- ダイニングには丸テーブルがおすすめ！

2-8 キッチン

(1) キッチンの設計ポイント

主婦がこだわりたいことの1つはキッチンだと思います。キッチンは毎日必ず立つ場所ですから、徹底的に考えて設計しなくてはなりません。ここでは、設計するうえでの基本的なことを知っていただきたいと思います。

まず、どのあたりに配置（ゾーニング）したら良いかということですが、先ほどダイニングはなるべく朝陽が当たる場所が良いと説明しました。配膳などを考えると、キッチンもその近くが良いことになります。しかしキッチンはなるべく直射日光が当たらないほうが食材を長持ちさせるためにも良いので、そのことも考慮する必要があります。そう考えると東側でも南側は避けるべきであることに気付き、自ずと北東の位置にゾーニングすると都合が良いことがわかります。

キッチンの形態は、対面型やペニンシュラ型など、ダイニングと緩やかにつなぐ設計が多くなっています。家族を見ながら食事の支度をするのはとても良いと思います。とりわけ子供が小さい頃は、ひとときも目が離せません。リビングやダイニングを見渡せるキッチンは理にかなっています（図表2-8-1）。

(2) パントリー

聞きなれないかもしれませんが、「食品庫」と訳します。最近は設ける住宅も多くなっているように感じますが、まだまだ浸透していないようです。

このパントリーはとても有効で、キッチンをすっきりさせる秘策です。食器棚に収まりきれないものはたくさんありますし、災害時に備えた保存食や水などをストックしておくのにも便利です。さほど大きいスペースでなくてもいいので、キッチン脇に設けるようにしましょう（図表2-8-1）。

(3) 家事コーナー

最近ではパソコンで家計簿をつけたり、夕食のレシピを調べたり、ネットで食材を注文したりする方も多いのではないでしょうか。ひと度この便利さを味わってしまうと、もう手放すことができなくなるのは人間のサガです。

ではいったい、住まいのどこでパソコン作業をしているのでしょうか？ 多くの人は、ダイニングテーブルやリビングなのではないでしょうか。ノートパソコンやタブレットは簡単に持ち運ぶことが

図表 2-8-1　キッチンの設計

【キッチンの配置】

【キッチンの形態】

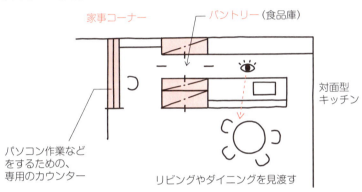

できるのであまり不便ではありませんが、専用のスペースを設けておくと、食事時でも置きっ放しにしておくことができます。

　また家事コーナーはパソコンを置いておくだけでなく、アイロン掛けや洗濯物をたたむスペースとしても活用できます。キッチンや洗面所などに近い場所に設けると便利ですが、長い時間過ごす可能性のある家事コーナーはできるだけ快適な場所を陣取りましょう。すなわち、あまり快適でない西側にゾーニングすることは避けたほうが良さそうです。さもないと、せっかく設けた主婦のお城なのに、使われないともったいないですね（図表2-8-1）。

ポイント
- キッチンは直射日光が当たらない北東に配置する！
- パントリー（食品庫）を設けよう！
- 家事コーナーは西側を避ける！

2-9 和室と畳コーナー

(1) 畳コーナーの出現

＜和室の役割＞

　筆者の研究室で調査したところ、2000年頃から急激に、独立した和室が減少して、その代わりに畳コーナーを設ける住宅が増えていることが明らかになりました。

　そもそも独立した和室は他の部屋とは異なり、どこか凛とした空気が漂っていて、ある意味よそよそしい別世界という感じがしました。床の間が設けられ、掛け軸が掛かっており、同じ家の中なのに襟を正す空気です。正月には家族が集まり年のはじめの挨拶をしたり、また娘の結納などの儀式も和室でないとサマになりませんでした。

　和室は多用途に使えるので、来客用の寝室にも早変わりしました。そんな便利な和室が姿を消し、和室がまったくない家も増えてきたなかで、せめてもの救いがリビングやダイニングの一部に設けられる畳コーナーです。

　畳に慣れ親しんでいる人は、畳が清潔であるという認識がDNAとして備わっているように思います。例えばフローリングの上ではスリッパを履いている方でも、畳の上ではスリッパを脱ぐのではないでしょうか。また洗濯物を取り込んでたたむとき、フローリングの上に直接置かれる方は少ないと思いますが、畳の上であれば気にせず一時的に放り出しておけます。

＜畳コーナーの設計ポイント＞

　畳コーナーを作る際のポイントは、少し段差（30〜35cmほど）を設け、小上がりにすることです。そうすることで、リビングソファやダイニングチェアに座っている家族と、目線高さを合わせることができます（図表2-9-1）。

　また畳に座る姿勢（床座）が少し苦手な方は掘コタツにすると解決できます。堀コタツは和室コーナーを小上がりにすることで容易につくることができます。

　さらに畳コーナーは、家事スペースとして活用するのにも適しています。洗濯物を取り込んで、たたむ時はテレビを観ながらされる方が多いことがわかっています。畳コーナーからテレビが観えるように、設計の段階から考慮しておくと良いでしょう。このように畳コーナーはマルチに使えてとても便利ですので、畳は要らないと思っている方もぜひ検討してみてください。

図表 2-9-1　畳コーナー

〈真上から見た図〉

〈断面図〉

30〜35cm

イスに座る家族と目線の高さを合わせることができる

(2) 和室の収納

　和室は、来客用の寝室としても活用することができます。その際に布団などを収納するために押入れが必要になりますが、少しでも部屋を広く感じさせる工夫として「吊り押入れ」が有効です。押入れの下を少し浮かすイメージです。それだけで視線が抜けて広く感じます。浮かした分の収納量は若干減ってしまいますが、空間としては気持ちの良いものとなります（図表 2-9-2）。

図表 2-9-2　吊り押入れ

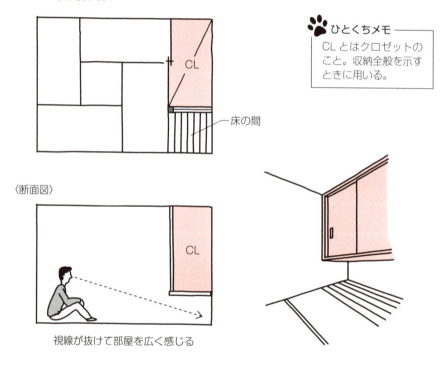

〈断面図〉

視線が抜けて部屋を広く感じる

> **ひとくちメモ**
> CLとはクロゼットのこと。収納全般を示すときに用いる。

ポイント

・畳コーナーは小上がりにする（30〜35cm）！
・和室の収納には吊り押入れがおすすめ！

2-10 主寝室

(1) 主寝室の設計ポイント

私たちが生きていく上で、睡眠が大切であることは言うまでもありません。一日の疲れを取り、明日からまた元気に活動するためには良質な眠りが大切です。そのため、睡眠の妨げにならないように間取りを考えなくてはなりません。

ゾーニングを考えるときにまず大切なのは、道路に面して主寝室を設けないことです。道路からできるだけ離れた静かな場所に配置しましょう。また寝室を東側に配置することで朝陽が入り、自然な目覚めが期待できます。しかし現代人はなかなか太陽の動きに合わせて生活することは難しくなっていますので、必ずしも東側が良いとは限りません。とにかく外からのノイズが届きにくい静かな場所にしましょう。

(2) クロゼット

主寝室の収納は十分な広さが欲しいところですが、なかなかそうもいきません。それより少しでもリビングやキッチンを広げたいと思うのではないでしょうか。しかし寝室の収納が十分でないと、ベッドの上以外は足の踏み場もなくなるかもしれません。

最近ではウォークインクロゼットが主流です。確かに便利ですのでおすすめします。荷物には、案外カタチの不揃いなモノや箱などがあるので、普通の奥行き半間（910mm）の押入れだと、奥のほうにモノを入れてしまうと手前のモノが邪魔になって取り出すのに苦労します。ただし和室を主寝室として使う場合は、布団を収納するため、奥行きが半間は必要です。

一方、洋室の場合は衣類の収納がメインになりますので奥行き600〜750mmほどあれば十分です。その点でウォークインクロゼットは収納したモノが確認しやすく、棚の奥行きも収納するモノのサイズに合わせて取り付けることができます。また少々雑然と収納していても、寝室からは直接見えませんので部屋がスッキリとします（図表2-10-1）。

さらに重要なこととして、夫婦の主寝室に隣接して子供の部屋を設ける場合は、必ずクロゼットを間に設けて少しでも音が直接伝わらないようにしましょう。夫婦だけの時間も大切なことはいうまでもありません（図表2-10-2）。

第2章　部屋はこうして考える〜間取りを構成するもの　・37・

図表 2-10-1　主寝室のクロゼット

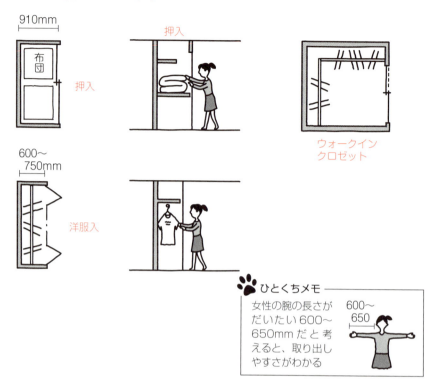

図表 2-10-2　主寝室と子供部屋の間のクロゼット

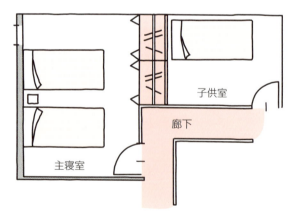

クロゼットや廊下で遮音する

(3) 夫婦別寝室について

できることならば夫婦は同じ寝室にずっと生涯一緒に、というのが理想だと思います。しかし様々な事情で別々の寝室になることも、設計段階から想定しておく必要があります。夫婦には、ほどよい距離感が重要なのです。常にベッタリではなく、ライフステージやライフスタイルの変化に応じて模様替えをして、簡単に夫婦の距離を変えられるようにしておくのが夫婦円満の秘訣かもしれません（図表 2-10-3）。

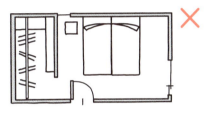

図表 2-10-3　夫婦の寝室

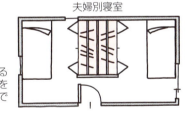

ポイント
- 主寝室は道路から離れた静かな場所に配置する！
- 隣に子供室を配置する場合は間にクロゼットを設けて防音対策！
- 可動式クロゼットで模様替えを可能にしておく！

第2章　部屋はこうして考える～間取りを構成するもの　・39・

2-11 子供室

(1) 子供室の設計ポイント

　子供室の設計は案外難しいものです。あまり考えずに、子供の数だけ個室を設ければ良いという単純なものではありません。子供の成長に合わせて間取りを変えることができれば良いのですが、そう簡単にはいきません。比較的よく用いられる手法として、まず大きな部屋を用意しておきます。そして子供が大きくなるにつれて、部屋の中に仕切り壁や仕切り代わりのクロゼットを設け、一部屋だったのをいくつかの部屋に分ける方法があります（図表2-11-1）。

(2) スタディコーナー

　子供は思春期にさしかかると自分の部屋にこもりがちになってしまい、なかなか家族との触れ合いが少なくなることも多いようです。そこで1つの案として、子供室は寝るだけのコンパクトなスペースと割り切ってしまう方法があります。そのかわりに勉強や読書などをするためのスタディコーナーを、部屋の外の廊下側に設けます（図表2-11-2）。

　少しだけお金の話をしますと、住宅の建築費は一坪〇〇万円と表現しますが、例えば半間幅（0.9m）の廊下の長さが

図表2-11-1　子供室は収納で仕切る

 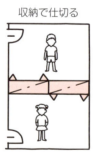

収納で仕切る

子供が成長したら部屋を分ける

図表2-11-2　スタディコーナー

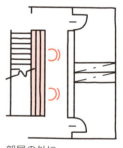

部屋の外に勉強する場所を設ける

２間（3.6m）あると一坪になります。その場合、仮に坪60万円の家ですと、その廊下部分だけで60万円掛かったことになるわけです。そう考えると単に廊下（通路）としての機能だけにお金を払うのはもったいないと思いませんか。

ほんの少し廊下幅を増やして、カウンターとイスを設けるだけでスタディコーナーに早変わりします。カウンターは45cmあれば十分です。カウンターを少し高めにしてコンセントを設け、ハイスツール（座面が高いイス）を置けば、家に居ながらカフェのような気分が味わえます。

設計のポイントは、このスタディコーナーとリビングやダイニングを空間的に繋がるようにして、子供たちの気配が感じられるようにすることです。

繰り返しになりますが、子供室を個室として子供の数だけ設けておくと、いずれ子供たちが巣立ったときに空き部屋だらけになってしまいます。設計の段階から、しっかり考えておくようにしましょう。

（3）子供室のゾーニング

子供室をどの方角に配置したら良いか考えてみましょう。仮に寝るだけならばどこでも構わないような気がしますが、うす暗い部屋では誰でも気が滅入ってしまいます。

仮に子供に規則正しい生活をさせたいのであれば、朝陽が降りそそぐ東側が良さそうです。あえて遮光カーテンにせずに、太陽の光で自然に目が覚める。いささか荒療治ではありますが、それも良いかもしれません。

これから新築するのであれば、高断熱仕様にすることが容易なので、家の隅々まで温かくすることができます。したがって北部屋でも大丈夫ですが、北側からの光をうまく取り入れることが重要です。高窓やトップライト（天窓）を用いると良いでしょう。

高断熱仕様とは、室内外の熱の移動を少なくするために断熱材を外壁の中にたくさん入れて、かつ熱が逃げにくい窓にしている住宅のことです。すなわち、暖房などで温めた熱が外部に逃げにくい高断熱仕様は、快適な住まいを実現するために必要なことです。

逆に西側に設けるのは避けたほうがよいと考えられます。外壁を高断熱にしたとはいえ、窓から入ってくる西陽の熱量は多いので、とくに夏場は室温が上がってしまい、寝苦しくてなかなか寝つけなくなる可能性があります。どうしても西側に設けなくてはならない場合は、なるべく西側の窓を小さくし遮熱タイプにして、さらにブラインドなどで遮熱しておくことが重要です。

最も良い方法は、窓の外側によしずを吊るしたり、ゴーヤなどの植物を育てて

第２章　部屋はこうして考える〜間取りを構成するもの　•41•

西陽を遮ることです。植物の手入れが面倒な人は窓の内側でも良いので、直射日光が部屋の奥まで届かないように工夫することが重要です。

(4) 風通しについて

各部屋で、窓は必ず2カ所以上設けるようにしましょう。風の入口と出口を設けるということです。もしどうしても2カ所設けられない場合は、部屋の扉の上部（欄間（ランマ））を開閉できるようにしておきましょう。廊下の先の窓から欄間を通って、部屋の中に風が抜けるようになります。

あるいは図表2-11-3のようなウィンドキャッチ窓を付けて、窓を2カ所付けずに済ませることもできます。

図表2-11-3　風通しを良くする

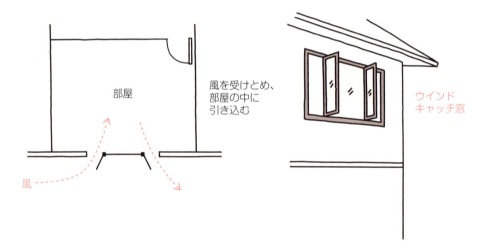

ポイント
・子供室は1つ大きな部屋を用意して、後で仕切れるようにする！
・西側を避ける。北側なら光を取り入れる工夫が必要！

2-12 書斎コーナー

男性の中には、「自分の家を建てる際には絶対に書斎をつくりたい」と密かに思っている方も多いと思います。何歳になっても少年気分が抜けない"オトナの男子"が多いのではないでしょうか。何やら書斎とは秘密基地のような響きがあり、そこにこもって読書や音楽鑑賞をしたいというわけではなく、何となく隠れ家的な空間が欲しいというのがオトコの性だと思います。

しかしいざ書斎をつくろうと意気込んで奥様や子供たちに告白してもバッサリと否定され、夢破れて落ち込むことになります。頭を冷やして冷静に考えると、確かによほど敷地と予算に余裕があればともかく、書斎よりもっと必要なスペースがたくさんあることに気づかされるでしょう。

＜書斎コーナーで男の夢を実現＞

しかし世のオトコたちよ、落胆する必要はありません。書斎という独立部屋こそ実現できなくても、書斎コーナーならば家族も仕方ないと思うはずです。では、そのようなスペースはどうやってつくれば良いかを今から解説します。

まずは家族の逆風を避ける意味でも、書斎という言葉をやめて「ワークコーナー」や「スタディカウンター」などと格好良く名付けてみましょう。もちろん書斎と同じ意味ですが、チョットおしゃれな空間の響きになりませんか。

独立部屋の書斎は諦めなくてはなりませんが、上手く陣地を取れば案外落ち着いたスペースをつくることができます。ポイントは、家族の気配は感じるけれども直接見えない、あるいはチラッと見える場所に設けることです。廊下を上手く活用する方法などがあります。

２階廊下の片隅に、邪魔にならないようにカウンターをつくり付けてしまえば出来上がりです（図表 2-12-1）。

図表 2-12-1 廊下で夢を実現

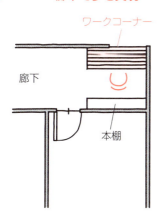

2-13 水周り

(1) 洗面室

<ランドリースペースを作れば便利>

　朝一番、最も混雑するのが洗面室です。洗顔、歯磨き、化粧、髭剃りなどはもちろん、朝にシャワーを浴びる習慣の家族がいると、通勤電車地獄ならぬ洗面室地獄です。

　一般的な間取りでは洗面室が脱衣を兼ねることが多いので、仮に娘が浴室を使っていると、親父に対しては洗面室入室絶対的禁止令が出る可能性もあります。では、どうしたらいいのでしょうか。

　日本の住宅の特徴として、洗濯機を洗面室に設置することが多いのですが、これを逆手に取って洗面室と浴室の間を「洗濯スペース兼、脱衣スペース」にして、洗面室とは緩やかに仕切れるようにする方法があります。チョット無駄に思われるかもしれませんが、そのスペースを洗濯物の室内干しができるように工夫すれば、ランドリースペースとしても機能します。洗面室との間に扉を設けることで、洗濯機から発するノイズを抑えることもできます（図表 2-13-1）。

<洗面室には余裕を持たせたい>

　洗面室は毎日必ず使う場所ですから、あまり狭苦しくないようにしましょう。洗面所の収納もしっかり設ける必要があります。洗面用具、ドライヤーや洗剤、整髪料、化粧品、タオル類、肌着類、浴室の掃除用具など、大きさが異なる様々なモノがたくさんあります。

　注意する点は、あまり奥行きの深い収

図表 2-13-1　洗面室と浴室をスペースで仕切る

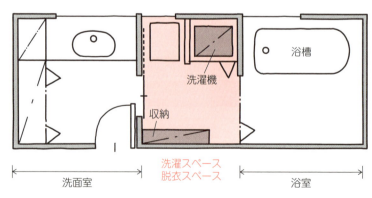

図表 2-13-2　洗面室の窓

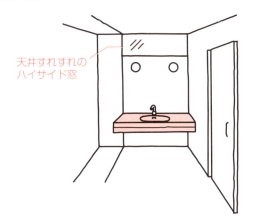

天井すれすれの
ハイサイド窓

納や棚をつくらないことです。奥に何が入っているかわからなくなるので、できるだけ浅めの収納にしましょう。

奥行き20〜45cmぐらいあれば十分ですが、高さの違うものに対応するために棚板はダボで調整できるようにしておくことも重要です。

<手作りの洗面台と縦長の窓>

洗面室の光の採り入れ方にも気を遣う必要があります。洗面台を置く位置によっては窓が付けづらくなります。既製品のモノを置くのでも構いませんが、最近では洗面台を手作りすることもできます。カウンター板をつくり付けて、その上に洗面ボールを置き、鏡と照明を壁に取り付けるだけのシンプルな洗面スペースです。安く出来上がりますし、窓も取り付けやすいと思います。

壁際の縦長の窓や、天井すれすれに横長の細い窓（ハイサイド窓）を付けると、外からの視線も気になりません。窓からの光が壁面や天井面にも反射して、柔らかい明るさを確保することができます。もし脱衣室を兼ねるようであれば、仮に透明でないガラスであっても外からは身体のシルエットが映ってしまう心配があります。必ず透けて見えないタイプのブラインドやロールスリーンなどを取り付けて防ぎましょう。その点でもハイサイド窓は有効です（図表2-13-2）。

(2) 浴室

最近は、バスコアとかユニットバスと呼ばれるFRP（強化プラスチック）でできた一体型のお風呂がほとんどです。ヒノキ風呂などは温泉にでも行かないとお目に掛かれませんし、浴室の壁をタイル張りにすることもほとんどなくなってしまいました。防水性などを考えると止

むを得ないですが、なぜか味気がありません。防水性は担保したうえで、タイル張りの浴室にヒノキの浴槽というスタイルが復活するといいなと思います。

　洗面室、浴室の配置（ゾーニング）はプライベートゾーン側（第4章参照）にして、扉を開けたときに玄関から丸見えにならないように気をつけましょう。また家事動線を考えると、キッチンやダイニングから近いほうが便利です。家事を効率良くテキパキとこなすには、調理をしながら洗濯をしたりと、同時並行で行うことがよいと思います。すなわち両方のスペースが近いほうが便利であることはご理解いただけるのではないかと思います。

(3) トイレ

＜お客様も使うトイレ＞

　最近の新築住宅では、各階にトイレを設けることが多くなりました。リビングルームがある階に設けるトイレは、家族だけでなく来客用となることも考慮しておく必要があります。

　トイレは不思議と住まい手の趣味や感性が表れるものです。清潔さを保つことは言うまでもありませんが、ちょっとした置物などを飾れるような棚を作りつけても良いでしょう。また来客の手洗いを兼ねる場合は、少し広めにしておく必要があります（図表2-13-3）。

＜トイレの配置場所＞

　ゾーニングで注意することは、リビン

図表 2-13-3　トイレの大きさ

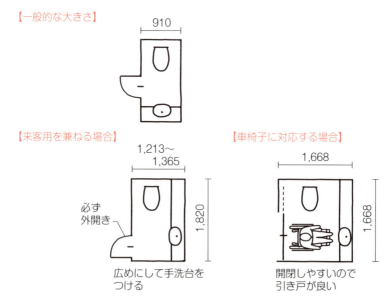

図表 2-13-4　トイレの入り口

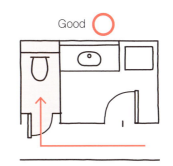

グやダイニングから直接トイレの扉が見えないようにすることです。やはりちょっと気恥ずかしいですし、臭いや音漏れの問題もあります。なるべくホールや廊下から入るようにしましょう。どうしてもという場合は、飾り棚などで直接見えないようにしたり、トイレのドアを2重にしたりする配慮が必要です。

また洗面脱衣室からトイレに入ることも、避けたほうが良いと考えてください。そのトイレが来客用も兼ねていると、脱衣室などのプライベートなところを見られてしまうことになります。さらに、家族が入浴中に脱衣室を通過するのは、身内といえども、いささか気まずいものです（図表2-13-4）。

＜トイレの扉は外開き＞

また基本的なことですが、トイレのドアはトイレ側からみて外開きにしなくてはなりません。万一、トイレ内で倒れてしまった際に内開きだと助け出すことが難しいからです。また高齢になった時を考慮すると、引き戸が良いと言えます。

仮に車椅子で扉を開けようとすると、開き戸はとても難しいのです。これは体験してみるとわかります。最近では引き戸でも音漏れがしにくいものが作られていますので検討してみてください。ただし車椅子でも使えるトイレにするには、一般的なトイレより広いスペースが必要になります。

またトイレの窓の大きさや位置も注意深く設計しましょう。一般的には小さな窓を付けることが多いのですが、外からどのように見えているのかも気にする必要があります。道行く人から、あそこがトイレなのだなとわかってしまうような窓ではなく、例えば縦長のとても細い窓をつければ、そこがトイレだと気づかれにくいでしょう（図表2-13-5）。

（4）ランドリー室

近年、共働きの家庭が増えています。帰宅後に洗濯をして夜中に干したり、出掛ける前に洗濯して干してから出勤する

図表 2-13-5　トイレの窓

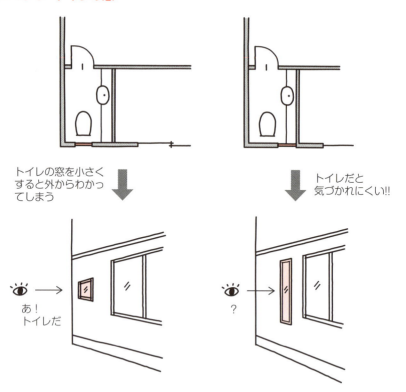

方にとって、庭などの外に洗濯物を干しておくとにわか雨が心配です。屋根付きのバルコニーがあればいいのですが、花粉、黄砂、PM2.5 などが付着してしまう心配もあります。そのため、できれば日常的に部屋干しをしたいと思う方もいらっしゃると思います。

特定のランドリースペースがない場合、多くの方がリビングに洗濯物を干していることが調査でわかりました。そうなるとせっかくの素敵なリビングルームが台なしになってしまいます。やはり狭くてもいいので、ランドリー専用のスペースを設けることをおすすめしたいと思います。

ポイント
・洗面室と浴室の間に選択スペースを設ける！
・トイレはリビングやダイニングから離す！
・必ず外開きドアにする！

2-14 ロフト

　子供の頃、親の目をぬすんで、押入れの中にこもるのがお気に入りだった方も多いのではないでしょうか。狭くて暗いところがなぜか魅力的に感じたものです。ロフトにも、どこか押入れに通ずるところがあるように思います。隠れ家のような、何となくワクワクする自分だけの秘密基地という感じでしょうか。

　住まいの上手な設計の秘訣の一つは、なるべく「たくさんの居場所（座れる場所）を用意しておく」ことです。家族といえども日々顔を突き合わせていると、いささか辛くなるものです。たまには独りになりたいときや、隠れたいときもあります。それが可能な場所がトイレだけという住まいでは、少し悲し過ぎるとは思いませんか。ロフトはそういう意味でとても有効です。

　設計する際は、ロフトを壁で完全に仕切ってしまうのではなく、空間としてはリビングなどと連続していて、家族の気配をなんとなく感じられようにすると良いと思います。

　ハシゴを必要な時だけ掛けてロフトへ登る方法がありますが、あんがい億劫になり、滅多に使われなくなります。また荷物を持って登るのもハシゴでは困難ですので、いくらか急勾配になっても構わないので、ぜひ階段にすることをおすすめします（図表 2-14-1）。

図表 2-14-1　ロフト

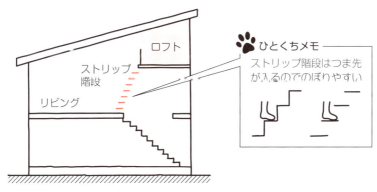

ハシゴはNG
急勾配でもいいので、手すり付き階段がGood

2-15 バルコニー

　バルコニーは用途によって形や大きさを検討し、取り付ける場所を決める必要があります。まず洗濯物や布団を干すことが考えられますが、その場合は奥行きや長さを考えて設計します。よく半間（90cm）の奥行きでバルコニーを設けている家を見ますが、とても干しづらく、風に揺られて洗濯物が壁に触れて汚れたりします。半間半（135cm）以上の奥行きは確保しましょう。

　また、南側が道路に面している場合などは、バルコニーの壁を高くするなどして、洗濯物が通行人から丸見えにならな いように配慮する必要があります。単に恥ずかしいだけでなく、空き巣にとっては家族構成を知る手掛かりになってしまうため、注意が必要です（図表2-15-1）。

　また突然のにわか雨などで濡れてしまわないように、庇があると安心です。後から取り付けるタイプの透明なポリカーボネートなどで出来ている庇を付けているお宅を見かけますが、せっかくの建物の良いデザインとマッチしにくいのでおすすめしません。計画の段階から、建物と一体感のあるデザインで庇を設計しておくことが重要です。

図表2-15-1　バルコニー

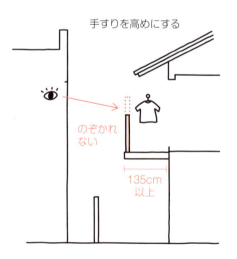
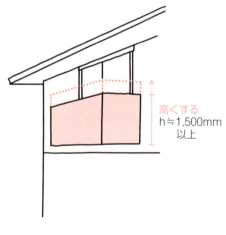

2階にリビングとダイニングを設計するときは、少し広めのバルコニーを設けましょう。気持ちの良い季節には、外で食事をしたり寛いだりできます。このとき、やはり深めの庇や軒を設けておくと良いでしょう。そうすることで屋外なのに、まるで屋内のように使うことができる外と内の中間的なスペースの半戸外空間です。外形の一部を引っ込めてインナーバルコニーを設けることで外観の凸凹感が少なくなりスッキリとした印象になります（図表2-15-2）。

もう一つの用途として、やはり2階にキッチンを設ける場合は、生ゴミなどを一時的に出しておけるようなバルコニーがあると便利です。これをサービスバルコニーと言います。さほど大きくなくても構いませんし、洗濯物干し用のバルコニーと兼ねても構いません（図表2-15-3）。

2 バルコニー

図表2-15-2　インナーバルコニー

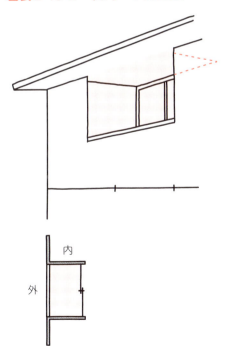

図表2-15-3　サービスバルコニー

〈2階キッチンの場合〉

サービスバルコニー
生ゴミ等の
一時的置き場

第2章　部屋はこうして考える〜間取りを構成するもの・51

2-16 屋根

屋根の種類は図表2-16-1のようにたくさんありますが、近年はスッキリ見えるようにシンプルな屋根が増えているように思います。図表2-16-1にある切妻屋根、寄棟屋根、片流れ屋根やフラット屋根（陸屋根）が主流です。これらを組み合わせることもできます。図表2-16-1のⒺやⒻが組み合わせの例です。屋根形状は外観のデザインを決めてしまう大きな要素なので、十分検討して決める必要があります。

実は建物の形状（外形）で決まってしまうことも多いので、間取りを考えるときから屋根の形を意識して検討するのがプロの建築家なのですが、そう簡単ではありません。

秘訣は、住宅の外形をできる限り凸凹させずに間取りをつくることです。そう

図表 2-16-1　屋根の種類

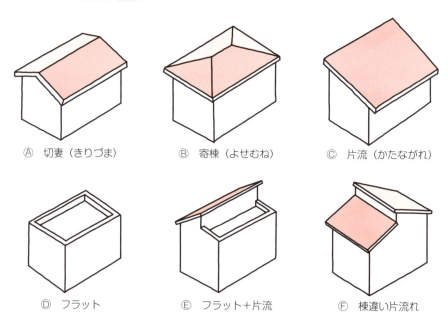

Ⓐ 切妻（きりづま）　　Ⓑ 寄棟（よせむね）　　Ⓒ 片流（かたながれ）

Ⓓ フラット　　Ⓔ フラット＋片流　　Ⓕ 棟違い片流れ

すれば、自ずと屋根もスッキリつくることができます。

　屋根のかけ方は建築設計を学ぶ者にとっても、案外難しいのです。近年は防水技術が進歩し、フラット屋根も容易にできるようになりました。片流れ屋根とフラット屋根を組み合わせたりすれば比較的簡単に設計できますし、デザイン的にもスッキリとしておすすめです。

コラム　屋上利用のすすめ

　以前は屋上といえばRC造（鉄筋コンクリート造）の建物の上にしか出来ないものでした。今日では構造技術や防水技術の進歩で木造住宅でも可能になりました。しかし屋上を設ける家はまだまだ少なく、一般に認知されてないのが現状のようです。敷地が広くて庭が十分に確保できるお宅であれば、考える必要などないかもしれませんが、都市部などの狭小な土地に建てる場合は、有効な設計手法のひとつです。

　周りから覗かれる心配もなく（もちろん周囲に高い建物があればダメですが）、完全にプライベートな屋上空間が手に入ります。使いみちもたくさんあります。

　夏は花火の特等席として、秋には中秋の名月を愛で、冬の夜にはダウンを着込んで流星を観察するも良し。あるいはテントを張ってキャンプに行った気分も味わえます。ウッドデッキを敷いて雨に濡れても大丈夫なデッキチェアやテーブルを置いておけば、ゆっくり起きた休日の朝のブランチなども楽しめます。軽量の土を入れれば芝生や草花を育てることもできます。またプランターなどを設けて家庭菜園を楽しむこと可能です。

　私の研究室の学生が屋上利用の実態調査を行いました。その結果、ご近所や友達を招いてバーベキューを催された家族が圧倒的に多いことが明らかになりました。この結果は予想していたことでしたが、屋上が家族や友人とのコミュニティの醸成にも一役買っていることがわかります。

　他にも実用的な使い方として、洗濯物干しや布団干しがあります。周囲の視線を気にする必要がないので便利です。まだまだ工夫次第で屋上の利用方法はたくさんあると思います。狭くてもいいので屋上を作ることを検討してみてはいかがでしょうか？

2-17 収納

調査で実際のお宅に伺うと、きちんとモノが整理されているお宅もあれば、散らかっていて雑然としているお宅もあります。一体何が違うのでしょうか？

もちろん個人の性格も関係しているとは思いますが、間取りを考えるときから、収納のことをしっかりと考えているかどうかで、かなり違うと思います。あらかじめ収納するものを具体的に思い浮かべてから設計をしないと、整理が難しくなるからです。

収納に関する書籍は山ほど出版されていますので、すでに収納に困っている方は参考にされると良いと思います。この本では収納に関する基本的な注意点だけに触れておきます。

収納でよく失敗するポイントとして、奥行きを深くしすぎてしまうことです。何も考えずに奥行き半間（910mm）で収納を作ってしまわないようにしましょう。

奥行き910mmが必要になるのは、布団やマットレスなどの寝具をしまう時だけです。したがって和室などでは奥行き半間の押入れが必要になります。和室と同じように寝室などの他の部屋に奥行き半間の収納をつけてしまうと、奥のほうにしまったものは取り出しづらくなり、何を入れたかすら忘れてしまいます。例えば、衣類などのほか、思い出のアルバムや細々としたものを納めても、半永久的に発見が不可能な行方不明のモノがたくさんできてしまいます。

例えば子供室の収納は、洋服が掛けられるように60〜70cmほどあれば十分です。

- 和室には奥行き半間の収納がおすすめ！
- 主寝室や子供室には奥行き60〜70cmのクロゼット！

2-18 ファサードデザイン

窓の位置がとても重要であることを繰り返し説明してきました。それらは「部屋の内側から見た窓の役割」が主でした。しかし窓は言うまでもなく、外からも見られています。すなわち窓の付け方次第で、家が格好良くもなれば悪くもなるのです。

ところで「ファザード」とは専門用語で、とりわけ道路から見える側の立面のことを言います。この言葉はフランス語「façade」に由来し、英語のフェイス（顔）と同じ意味です。すなわち「家のfaçde」とは「家の顔」ということです。

道を行き交う他人様から見える面ですから、頑張って格好良くしたいものです。ファサードのデザインには、実はセンスの差が表れます。誰のセンスかというと、その住宅を設計した建築士のセンスです。

現代の住宅には必ず設計者がいますが、それがたとえ建売住宅であっても、その販売会社の中に設計者がいます。注文住宅であれば設計事務所やハウスメーカーに所属する建築士がその役割を担います。建売住宅でも注文住宅でも、建築士や設計者のセンスが表れるのです。

施主は設計者に間取りの細かい要求はしても、このファサードデザインに細かく注文をつける人は案外少ないのです。

もし要望するとしても「洋風にして欲しい」、「モダンにして欲しい」というイメージを伝える程度です。

先ほどファサードは顔と言いましたが、人にたとえて考えてみると、顔というより服装などの身なりと言ったほうが適切だと思います。そこに住む家人の感性や品格がファサードに滲み出てしまうと言えます。ですからファサードを設計者に任せきりにしないよう心掛けなくてはなりません。その設計者の感性と自分の感性が必ずしも一致するとは限らないのです。いや一致しないケースが多いはずです。

設計事務所に頼む場合は、その事務所で建てた実績がホームページなどに掲載されていることが多いので、それらを参考にして自分の好みを伝えると良いでしょう。

ハウスメーカーに頼む場合、ホームページに掲載されている住宅は展示場のモデルハウスなどが多く、実際に建てる住宅とイメージが異なるため注意が必要です。実例集などを用意している会社もありますので、忘れずに取り寄せて参考にすると良いでしょう。いずれにしてもファサードをないがしろにしないように心掛けることが大切です。

第2章　部屋はこうして考える～間取りを構成するもの　•55•

図表 2-18-1　ファサード

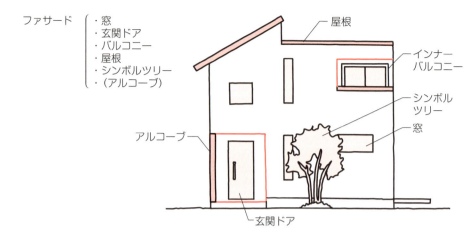

　ファサードを構成する要素としてどのようなものがあるか、図表 2-18-1 にまとめました。人それぞれの好みもありますが、なるべくシンプルにスッキリと作れば、飽きもこないでしょう。
　また近隣にも配慮が必要です。以前、著名人がとても派手な色を外壁に塗って物議を醸しました。やはりいくら個人住宅だからと言って、周りを気にせずに好き勝手に建てることは、後々の近隣とのお付き合いにも影響しかねません。

> ポイント
> ・設計を頼む事務所やハウスメーカーのホームページやカタログを確認する！
> ・シンプルなデザインにすると飽きない！

2-19 照明計画とスイッチ、コンセントの位置

日本の住宅は近年まで「一室一灯」の考え方でした。天井の真ん中に照明器具が一つだけあって部屋全体を照らすという方法です。今でも建売住宅などでは照明器具は取り付けられてなく、引掛シーリングという器具だけが付いていて、入居者が自ら照明器具を購入して取り付けるのが一般的です。

しかし、この一灯だけの天井照明では、なんとも味気ない雰囲気になってしまいます。やはり生活のシーンに合わせて照明も変えたいものです。そのためにも一室一灯スタイルをやめて、壁面や天井面が明るくなるような間接照明や、空間が広く感じられる照明などがおすすめです。

近年では、白熱灯や蛍光灯に代わりLED照明が主流になってきました。LED照明は、省エネであり寿命も長いです。さらに近い将来には有機EL照明のように、ヒトの眼に優しい照明器具がスタンダードになるでしょう。

また、暖色と寒色を切り替えることができる照明器具も増えてきたので、上手く使うと良いでしょう。例えば、夕食後から就寝までの寛ぐ時間帯は、暖色系の照明色に切り替えます。そうすることで、落ち着いた雰囲気になるだけでなく、メラトニンという睡眠導入ホルモンが体内で分泌され、スムーズに眠りにつくことができる効果が明らかになっています。

建売住宅などの場合は、コンセントが適切な位置に取り付けられていないことがあります。実際に住み始めた後に、家具や家電を置いても配置が上手くいかず、テーブルタップが部屋中に張り巡らされてしまいます。これでは、部屋の雰囲気が台なしです。

注文住宅の場合は、コンセントやスイッチ類の位置を細かく指定することができます。建売住宅のようにはならないはずですが、よく検討しておかないと残念なことになりかねません。

- 間接照明などを活用する！
- 暖色と寒色を切り替えることができる照明器具がある！

第3章　理想の住まいを考える
～間取りをつくるために必要なこと

3-1 自分で間取りをつくる意味

　家づくりはとても楽しい反面、我慢をしなくてはならないことも山ほどあります。広さが限られている敷地に建てるわけですから、宮殿のように望んだ分だけ部屋を作ることが土台無理なことは誰でも承知しているはずなのです。しかし不思議なことに、要望をすべてそのまま取り入れて間取りを作ると、誰もが敷地からはみ出してしまいます。

　もちろん敷地より家を大きくすることはできませんから、要望を伝えたハウスメーカーの営業マンが初めて持ってきた間取りを見て、愕然とする方は少なくありません。そういう嫌なショックを受けないために、あらかじめしっかりと準備をしておくことが大事です。

コラム　モデルハウスに惑わされない

　例えばクルマであれば、数年後に買い換えることを考えれば、買ったあとに気に入らなくなっても、少しの間だけ我慢することもできるのではないでしょうか。しかし家となるとそうはいきません。

　また家は、クルマのような試乗もできません。仮に住宅展示場におもむき、その住宅が気に入ったからといって、そっくりそのまま購入することは困難です。よほど敷地に余裕があれば可能かもしれませんが、筆者の知る限り、住宅展示場と同じ家を建てた方はいません。住宅会社側もそのまま建ててもらおうなどとは、さらさら考えていないのです。

　かつて某住宅メーカーが、住宅展示場のモデルハウスをそのまま格安で販売するというキャンペーンをしていたことがありますが、そのままそっくり建てた人がいたという話を聞いたことがありません。

　モデルハウスは、夢を膨らませるためのモノだと割り切って見学するほうが賢明です。むしろモデルハウスを見過ぎて、自分の理想が何だったのかわからなくなり、混乱したまま家を建ててしまうと、とんでもないことになります。とにかく惑わされないことがとても大切です。

3-2 必要な部屋をリストアップする

まず広さはともかくとして、必要だと思っている部屋をリストアップしましょう。家族構成によって変わりますが、将来のライフステージの変化を想定しながらリストアップしてください。

例えば子供をもう一人欲しいと思っているとしたら、それに対応しなくてはなりません。また子供が大人になって巣立って行った後の子供部屋はどうしたら良いのか。はたまた親との同居などの可能性があるのであれば、あらかじめ考慮しておく必要があるでしょう。

一般的な部屋の種類を図表 3-2-1 にまとめました。これを参考に、必要だと思う部屋を選んで、優先順位（プライオリティ）をつけてみてください。

図表 3-2-1　　おもな部屋の種類

必要なものにチェックをして、優先順位を決める

□　玄関	□　書斎（コーナー）
□　ホール・廊下	□　和室（コーナー）
□　階段	□　ゲストルーム
□　リビング	□　スタディルーム（コーナー）
□　ダイニング	□　家事室（コーナー）
□　キッチン	
□　主寝室	
□　子供室	
□　洗面室・脱衣室	
□　浴室	
□　トイレ	
□　納戸	

第 3 章　理想の住まいを考える～間取りをつくるために必要なこと　・61・

3-3 ウェルバランス・ビーング・マップ

3-2 節で作成したリストで、優先順位が低く、最下位になった部屋はなくなる可能性が高い、ということではありません。実はそうならないようにすることが設計の技なのです。また、必要と思ってなかった部屋が、この本を読み進んでいくうちに、欲しい部屋だということに気付くかもしれません。

ここでは難しい話をしますが、重要なので少しだけ我慢してください。アメリカの著名な心理学者アブラハム・マズローが、人間の欲求について研究しました。どうやらその理論によると、個人差はもちろんありますが、基本的なところで人間に共通している欲求には5つの段階があるそうです。

私は家を設計する上で、このマズローの考え方がしっくりくるように感じています。この理論を参考にして考えた概念図が「ウェルバランス・ビーング・マップ」です。これを用いることで、人が住まいに何を求めるのか、何を重視するのかなどを客観的に整理することが可能になります。

それでは、ウェルバランス・ビーング・マップ（以下 WBM）について説明します（図表 3-3-1）。

WBM の横軸にはマズローの欲求段階を並べています。左から順に①生理的欲求、②安心・安全欲求、③親和欲求、④尊厳欲求、そして最後は⑤自己実現欲求です。それに対して縦軸には自分自身を取り巻く環境を設けています。順に自分、家族、近隣、地球としました。

マズローの理論の対象範囲は自分自身なわけですが、私はそれに加えて家族にとって求められること（欲求）、近隣にとって求められること、地球にとって求められること、さらに住まいを作る際に大切なことは何なのかを整理できるようにしました。

（1）健康・安心

WBM の左下の領域は「健康・安心」、つまり「健康で安心して暮らせる住まい」としています。

人はまず何よりも健康でいたいと思うものです。マズローの言う生理的欲求なわけですが、《健やか》と言い換えても良いと思います。家に居るのに健康を害してしまったら元も子もありません。そうならないような家を作るのはプロの責務です。

健康を害するような建材を使わないことはもちろんですが、そのほかにも気を

図表 3-3-1　ウェルバランス・ビーング・マップ

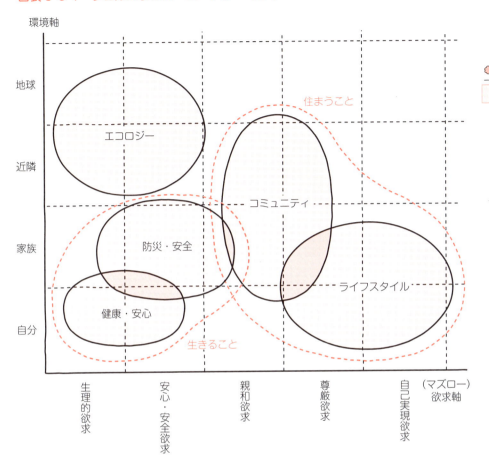

つけることがあります。

　近年の住宅は気密性が高くなっているので、空気質が悪くならないようにするために、換気設備を設ける必要があります。

　また部屋間に大きな温度差があると、ヒートショックを引き起こす可能性が出てきます。ヒートショックは暖かい部屋から寒い部屋に移動した際に、血管が急に収縮することで発生します。心筋梗塞や脳梗塞など、健康を害するどころか命が危険にさらされることになりかねません。

　いずれにせよ、健康に配慮した住まいを作ることは当然なのですが、ないがしろにしている住宅会社もありますので、建主側がしっかりと確認する必要があります。

(2) 防災・安全

WBM上にある「健康・安心」の右斜め上の領域は「防災・安全」、つまり「災害から守る堅牢で安全な住まい」としています。

地震や台風に強い構造であり、火災にも強い耐火性能を備えていれば安心です。また空き巣などが容易に侵入できないような備えも必要です。さらに必要なのは防災や防犯対策だけではありません。家の中で転倒したりしては大変です。家の中の危険も回避する必要があります。いわゆるバリアフリーは、筆者自身も高齢になるにつれ必要性を強く感じています。

さて、ここまでは誰もが住まいに求めることだと思います。しかしこの後の（3）以降は個人差が出てくる内容です。

(3) コミュニティ

WBMの「防災・安全」の右側の領域を「コミュニティ」、つまり「近隣と仲良く暮らせる住まい」と定義しました。人は独りでは生きていけません。地域のコミュニティに参加して、近隣の住民からも認められてこそ生きがいを感じるのではないでしょうか。

(4) エコロジー

さらにWBMの左上の領域は「エコ

ロジー」と定義しました。限りある地下資源の化石燃料を使い続けるのではなく、自然のエネルギーを活用し、省エネを心掛けることです。またその土地の風土や気候に合った家をつくることも大切です。

(5) ライフスタイル

WBMの最も右側の領域を「ライフスタイル」と定義しました。ここはマズローの言う自己実現欲求にあたります。生活の楽しみ方や生き方は人それぞれです。せっかく自分や家族のための城を築くのですから、いきいきと暮らせる楽しい家を作ることが一番です。

以上の5つのことをバランス良く設計に取り入れることで、快適で豊かな住まいができます。このマップを用いて、何が大切なのか、何を重視すべきなのかを考え、家族で話し合っていただきたいと思います（図表3-3-2）。

実は住まいに求めることが、家族それぞれによって異なっていることがあります。健康的で堅牢な住宅であることは、誰もが求めることだと思います。しかし家族のコミュニケーションのあり方ついては、親子でも考えが違うかもしれません。また、とりわけ趣味や生き方など、ライフスタイルは夫婦でも案外違うのではないでしょうか？

家族でこのマップを見ながら、住まいづくりについて話し合い、一人ひとりが

どのようなことを住まいに求めているかを互いに知ることで、バランスの取れた住まいを作っていただきたいと思います。

図表 3-3-2　家族の具体的な欲求を WBM に書き込んでみる

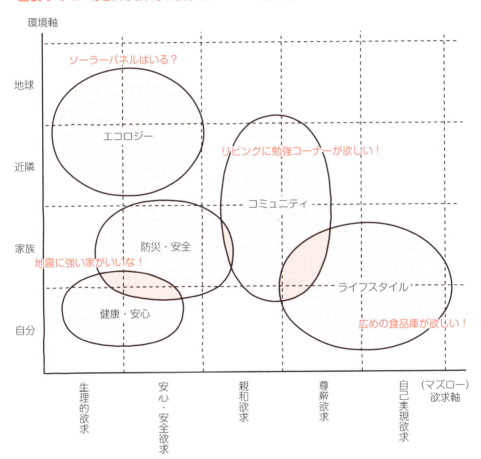

第 3 章　理想の住まいを考える〜間取りをつくるために必要なこと・65・

3-4 方位と接道

(1) 隣の建物の影響を考える

　住まいを設計する上で、方位と道路の位置は重要です。よく南道路の敷地は良いとか、南東の角地は価値が高いとか言われます。これは南や東側に道路があれば、邪魔になる建物がなく、陽当たりが良いと考えられているからです。

　たしかに陽が当たることは健康的で気持ちが良いものです。しかし道路の反対側、すなわち南側に高い建物が建つと、陽は当たりにくくなりますし、高い建物が密集している地域であれば、どの方向からも陽射しが届きにくい土地もあります。

　したがってまず考えなくてはならないのは、隣の建物がどのように建っているかということです。しっかり見極めることが大切です。隣の建物が、今は2階建てでも、将来建て替わって3階建てになってしまうかもしれません。その可能性があることは頭に入れておく必要があります（図表3-4-1）。

　ハウスメーカーなどが提案の中で、隣の建物からの影響がどうなるのか、あるいは逆にこれから建てる我が家がお隣の家にどう影響するのかを、きちんと説明してくれない会社だったら、契約に慎重

になるほうが賢明です。新たに家を建てるということは、隣の家に少なからず何らかの影響を与えてしまいます。

　「私の家なのだからどのように建てても勝手でしょ」という考えでは、お隣と良い関係は築けないでしょう。近隣への気配りがとても大切で、設計の段階からよく考えておく必要があります。どうしたら近隣にも優しい家が設計できるかを一緒に考えていきましょう。

(2) 忘れがちな太陽の向き

　方位の話に戻します。太陽は東から昇って正午に南に、それから西に傾き日没します。小学生でも知っていることですが、いざ間取りを考え始めると、この重要な方位のことを忘れてしまう人が多いのです。この方位については大学の学生にも最初に教えるのですが、ゾーニングやプランニング（間取りや空間を考えること）を始めると、不思議なことに意識から消えてしまうようです。

　そのわけは、間取りをパズルのように考え、必要な部屋を並べることだけに集中してしまうからのようです。方位と聞くと、とたんに難しく感じる方もいらっしゃるかもしれませんが、慣れてくると

・66・

間取りを考えることはとても楽しいことですし、それが我が家ともなれば楽しくて仕方ないはずです。ジグソーパズルを完成させるように、ピタッとピース（部屋）はハマッた時には快感があります。

(3) 一日の生活をイメージする

間取りはパズルのセンスだけではつくれません。そこでの新たな生活をイメージすることが大切です。まず平日一日の生活をイメージしてみましょう。朝目覚めるところからです。どうやって起きますか？もちろん目覚まし時計以外考えられないですよね。ほとんどの方がそうだと思います。

なかには低血圧だから、朝は苦手という方も多いのではないでしょうか。できたら1分でも長く寝ていたいと思っているのに、目覚まし時計や家族に強制的に起こされるのは、良い目覚めとは言えません。どのように目覚めたいかは人それぞれです。朝陽で自然に目覚めたいと思う方は寝室を東側に配置すれば良いでしょう。寝室に限らず、他の部屋も方位に深く関係しますので、そのことを覚えておいてください。

図表 3-4-1　隣の建物がどう建っているか

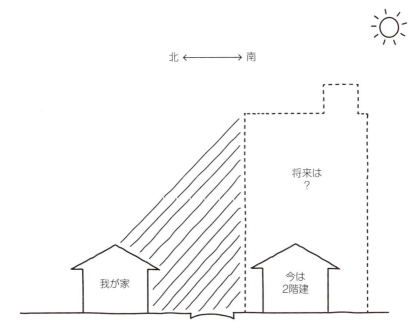

ビルやマンションに建て替わってしまうと日陰になってしまう

3-5 動線計画を考える

動線とは、家族が家の中で移動する経路を線で表したもので、間取りを計画する上でとても重要なことです。この動線計画の良し悪しで、その家の使い勝手に大きく影響を与えます。

家の中を移動するということは、当たり前ですが何らかの目的があるからです。「顔を洗うために洗面所に移動する」、「出かけるために玄関に移動する」、「食事をするためにダイニングに移動する」などです。すなわち生活行為に合わせて、人は家の中を移動することになります。これが動線です。その動線の長さが無駄に長いと使いにくく、ストレスの溜まる家になってしまいます。

動線計画は部屋のゾーニングと深く関係しています。

動線には大きく2つ種類があります。それは家事動線と生活動線です。もっと細かいこともあるのですが、とりあえずこの2つを抑えておくことが大切です。

家事動線はテキパキと家事をこなせるように考えます。例えばキッチンで調理をしながら洗濯もする家事行為を考えてみましょう。洗濯機が洗面所に置かれている場合は次の順で移動します。キッチンで調理→①洗濯開始（洗面所）→②キッチンに戻る（調理継続）→③洗濯終了（洗面所）→④洗濯物干し→⑤洗面所→⑥キッチンに戻る（調理継続）となります。この一連の家事行為で動線が短くなるようにゾーニングや間取りを考えなくてはなりません。

間取り例Aはキッチンから洗濯機までの動線が長いことがわかります（図表3-5-1）。また洗濯物干しのバルコニーが2階にありますので、さらに動線が長くなります。間取り例Bは、それらのことが考慮されていますので、動線が短くて済み、より効率的な間取りとなります。AとBではたったこれだけの違いなのですが、毎日の家事行為ですから大きな違いになります。このように自分の生活習慣を思い出しながら、家の中での動線をチェックして、最適な動線計画をしてください。

図表 3-5-1 家事動線

間取り A

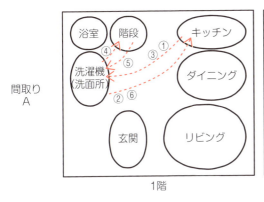
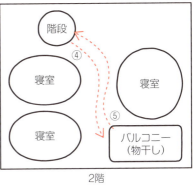

1階 　　　　　　　　　　　　　　2階

間取り B

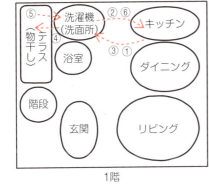
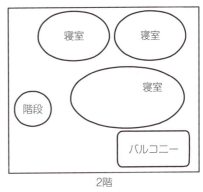

1階 　　　　　　　　　　　　　　2階

間取りBのほうが家事動線が短いので効率が良いことがわかる

コラム　バリアフリーとユニバーサルデザイン

バリアフリーということをご存知の方は多いのではと思います。「バリアー（障壁）をフリー（取り除く）」という意味ですが、高齢化社会になった現在ではほとんどの新築住宅はバリアフリーが意識されて設計されています。筆者ももうすぐ高齢者の仲間入りをする予定で、意識はまだまだ若いつもりでも身体能力が下がっていくことを感じつつ過ごしています。

高齢になると床のほんのわずかな段差にもつまずきやすくなりますので、床をすべてフラットにすることが望ましいと言えます。しかし和室まで完全にフラットにすることは、筆者はいささか気持ち悪く、だからと言って少しの段差だとつまずきそうだと思います。ですから、前述しましたが、やはりいっそのこと小上がりにしてしまえば良いと思います。

さて、一方ユニバーサルデザインはと言うと、お年寄りから子供まで誰もが安全で使いやすいように設計するという意味です。ここでは住宅に限ってのことだけを解説しますが、本来もっと広い範囲に適用される言葉です。

まず住宅では、手すりを随所に取り付けることが必要です。例えば階段の手すりの高さを大人用に設置すると子供にとっては高すぎることになります。ユニバーサルデザインの精神に則ると、上下2本にして子供用にも手すりを設けることが望ましいと言えます。

もう少し深く考えると、そもそも階段があること自体がバリアフリーではありません。しかし階段がなければ上階には上がれないので仕方なく階段を設けるわけですが、できるだけ安全に上れるような緩やかな階段にしたり、手すりに子供でも握りやすい工夫があればユニバーサルデザインになるかもしれません。ホームエレベータは、各階をつなぐ究極のバリアフリー装置だと思います。

第４章　間取りのコツ
〜ワンランク上の考え方

4-1 玄関の位置の ベストポジションを考える

よく道路に面して設けられている玄関を見かけますが、とてもおすすめできません。その理由は普段の生活を考えるとわかります。仮に大豪邸で、門をくぐってから玄関までかなりの距離があるのであればともかく、現代の日本の住宅ではまれなことです。

道路から建物まで数メートルの位置に設計する場合は、玄関を道路に面して設けると、玄関扉を開けた途端に家の奥まで丸見えになります。近年では道路側に門扉や塀を設けない家も多く、道路からの視線を遮るものが減っています。そうなると、より鮮明にクッキリと奥の奥まで家の中が見通せてしまいます。「私は玄関を常に綺麗にしておく自信があるから大丈夫」という方でも、それを見せびらかすという感覚は、いかがなものでしょうか。

建築家と称するプロでも、平気で道路に面して玄関扉を設ける方がいます。彼らはまた違う意味で玄関扉を正面に向けている場合があります。例えば道路側から見た外観のデザインを凝りたいと思っていて、玄関扉はファサードをデザインするうえで重要な構成要素のひとつと考えているのです。そのような建築家は、住まい手のことより自分自身のデザイン力を誇示したい思いが強いので、設計を頼む際は慎重になったほうが良いでしょう。もちろん素晴らしい設計をされるホンモノの建築家がたくさんいることを付け加えておきます。

話を戻します。玄関扉を道路側に向けないほうがいい理由は他にもあります。突然の宅配便でインターホンが鳴ってしまい、ときにはどうしてもパジャマ姿で出ることを余儀なくされることもあるでしょう。そのような姿を、道を行き交う人に見せたくはないので、玄関扉をほんの少しだけ開けて荷物を受け取るという、なんとも怪しげな行動を取らなければなりません。

敷地の関係でどうしても道路側に玄関を配置しなければならない場合でも、扉の向きを横向きにするなど、ちょっと考えれば防げます（図表 4-1-1）。

図表 4-1-1　玄関の位置

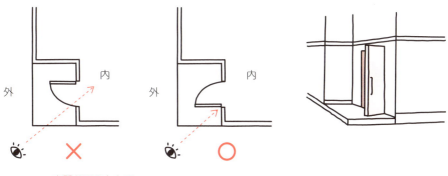

玄関ドアの向きで
室内がまる見えにならないようにできる

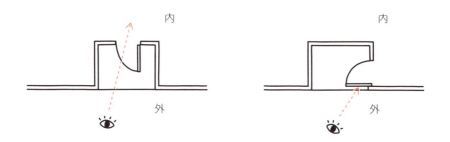

・玄関扉は道路側に向けない！
・仕方なく道路側に玄関を配置する場合は、扉を横向きにする！

4-2 お隣さんへの配慮を忘れずに

これから土地を新たに購入して家を建てられる方も、今まで住んできた土地に住まいの建て替えを考えていらっしゃる方も、ご近所の方々には気を遣いながら建てなくてはなりません。現場工事が始まると、騒音や工事関係車両の通行など、様々なことで迷惑を掛けることになります。あらかじめご近所には説明方々ご挨拶に伺っておくことが大切です。

ここでは間取り設計における近隣への配慮の仕方について解説します。

＜隣家までの距離＞

まず、住宅は法律で規制されている範囲でしか建てることができません。逆に言うと法律の範囲であればOKです。だからと言って、敷地ギリギリに建てるとお隣さんにとっては、あまり良い気分ではありません。自分の敷地の南側にギリギリに迫って建てられたら、誰でも鬱陶しいと思うものです。少しでも圧迫感がないようにするというお隣への配慮が、後々の人間関係に影響することは言うまでもありません。

＜窓の配置＞

さらに重要なことは、窓の配置を考える際に、隣家の窓の位置から少しずらして設けるようにすることです。特に2階の窓は注意が必要です。こちらが後から建てるわけですから、先に建ってしまっているお隣さんにとって、こちらの家からの視線が気にならないように窓の位置をずらします。そうしないと、お互いの窓はブラインドやカーテンが年中閉まったままという事態になりかねません。

トイレや浴室の窓が、お隣のリビングやダイニングなどの窓に向くようなことは避けたほうが良いでしょう。トイレの窓は、サイズや形などの特徴から、そこがトイレだとわかってしまうものもあります。ダイニングやリビングの窓の正面に、隣の家のトイレの窓が見えるのは誰でも嫌だと感じます。

＜室外機＞

エアコンの室外機を置く場所も気をつけなければなりません。室外機からは夏場は熱風が吹き出るので、その前に窓があると直撃を受けてしまいます。もしお隣さんが冷房をあまりお好きでない方で、夏でもなるべく窓を開けて自然の風で生活したいと思っていらっしゃったら大変です。生活スタイルは人によって様々ですから、そこまで想定して室外機の置き場を考えておく必要があることを理解しておいてください。

これらの失敗をしないためにも、間取りを設計する前に、必ずお隣の家の窓の

図表 4-2-1　室外機の位置

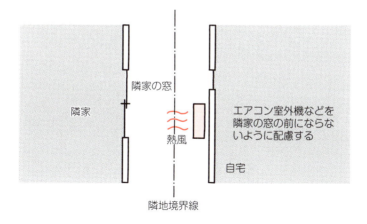

位置や、エアコンの室外機の置き場所などをチェックしておきましょう（図表4-2-1）。

＜バルコニー＞

洗濯物を干す場所にも気配りが必要です。隣家や道路から丸見えにならないように気をつけましょう。

洗濯物を干すためのバルコニーは、なるべく高めの手すり壁を設けることで防げます。また格子の手すりではなくパネル式にすることも忘れずに（図表2-15-1参照）。

周辺環境に気を配ることは住宅を設計するうえで、まず最初に考えなくてはならない重要なことだとご理解いただけたでしょうか。

ポイント

・窓と室外機はお隣の窓の位置からずらす！
・バルコニーには高めの手すり壁を設ける！

4-3 パブリックゾーンとプライベートゾーン

間取りを考える上では、パブリックゾーンとプライベートゾーンの2つのゾーン（領域）をしっかり整理することが大切です。

パブリックゾーンとは、家族が一緒に過ごしたり、時には客人が訪れた際にお通しすることがあるような領域のことです。玄関ホール、廊下、リビング、ダイニングといった場所です。一方、プライベートゾーンとは、主寝室や子供室、洗面室や浴室など家族だけが使う部屋のことです（図表4-3-1）。

この2つのゾーンが混ざっていたり重なっていたりすると困ったことが起きる可能性があります。

例えば玄関ホールの近くに洗面脱衣・浴室を設けてしまうと、来客があったときにお風呂から出ようとしても、出るに出られない事態が発生しないとも限りません。またリビングやダイニングからトイレに直接入るような間取りも好ましいとは言えません。

この2つのゾーンをしっかり分けるためには生活動線を考える必要があります。生活動線とは、家族一人ひとりがどのように家の中を移動するかということを示した線です。

図表 4-3-1　部屋のゾーン

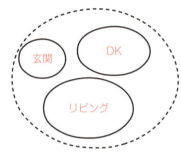

パブリックゾーンとプライベートゾーンを意識する

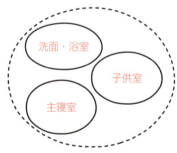

・パブリックゾーンとプライベートゾーンを混ぜたり重ねたりしない！

4-4 窓の位置と大きさ、型を決める

　窓の種類は数え切れないほどあります。引き違い窓や外開き窓、まったく開かない窓など、機能の違い、かたちや大きさの違いがどうしてこんなに必要なのかと思うほど、たくさんの種類が窓メーカーのカタログに載っています。

　窓を取り付ける位置はとても重要です。深く考えずに配置することは避けなければなりません。

　部屋に接している外壁の真ん中に、無造作に付けている住宅を見かけます。インターネットの住宅情報サイトに掲載されている間取りなどを見るとほとんどがそうです。

　実は、窓を真ん中に付けることはおすすめしません。むしろ中央ではなく、どちらかの壁際に寄せて付けるほうが良いのです。そうすることで部屋の壁面が明るくなり、その壁に当たった外光の反射光で部屋全体が明るく感じられるようになります。

　同様に天井面すれすれに合わせて窓を設ければ、光が天井に反射して、同じように部屋が明るく感じられます（図表4−4−1）。

　それと同時に隣のお宅の窓の位置を調べて、視線が気にならないように気をつけながら窓を設計します。

・窓は壁の真ん中ではなく、どちらかの壁際に寄せる！

図表 4-4-1　窓の配置

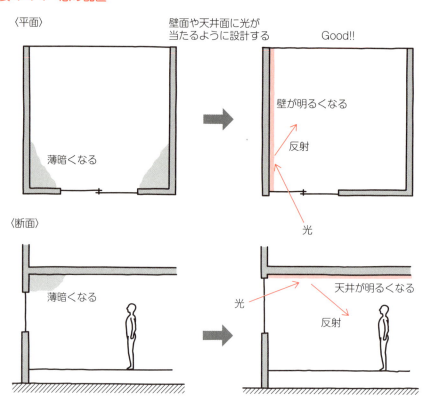

コラム　窓と開口

　いわゆる建築家は、窓という言葉を使わずに「開口」という言い方をする人が多いようです。窓の語源は「間戸（まど）」です。間戸の「間（ま）」は柱と柱の「あいだ（間）」のことを指していて、そこに戸がはまっていたので間戸と言うわけです。それが転じて窓となりました。
　窓というと何となく引き違い窓が思い浮かびます。ところが開口とは口が開いているわけですから柱とは関係ないことになります。建築家は柱とは関係なく窓を設けたいという思いから、あえて「窓（まど）」と言わないのかもしれません。

4-5 借景を考える

　テレビで、新築住宅やリフォームで生まれ変わったピカピカの住宅を紹介する番組が人気を博した時期がありました。リフォームの一部始終を見せる番組では「リフォームの伝道師」や「リフォームの達人」と言われる建築士が登場し、着工から竣工までのプロセスを物語風に見せていました。とても素晴らしいモノもあれば、これはどう考えても一から建て直したほうが賢明だと思うモノまでありました。

　そんな番組の中でよく出てくる言葉に「借景」があります。耳にされた方もいらっしゃると思います。借景とは読んで字のごとく「景色を借りる」ということです。借りるので自分のものではないことは明らかです。すなわちご近所のお宅の素敵な庭木を眼で拝借するのです。もちろん、公園の樹木や街路樹などを部屋内から眺めるのも借景です。我が家の敷地に樹木を植えずに、どなたかの所有する樹を眺めても、泥棒扱いされることはありません。遠くに山並みや海などが見えれば最高ですし、それも借景の一つと言えます。

　そもそもヒトは自然の一員なのですから、山や海や樹木を眺めると心が穏やかになるのも頷けます。プロはこのような借景を意識した間取りを考えます。「借景」は窓の位置を決めるのにとても重要なキーワードです。

　間取りを決める前に、周辺に借景できるようなものがないか、よく観察することがとても大切です。建ててしまった後から、ここに窓を付けておけば素敵な借景ができたのにと思っても後の祭りです。

　だからと言って、借景に頼って自分の敷地には一本も樹を植えないというのもいかがなものかと思います。やはり周りの家から借景したいと思われるような、素敵な樹木をたくさん植えていただきたいと思います。

第4章　間取りのコツ～ワンランク上の考え方

4-6 中間領域を考える

　良い住宅の多くには、中間領域がうまく設けられています。中間領域とは外部と内部の間の空間のことです。

　中間領域への具体例として、昔の建物によく見られた縁側を想像していただけたら良いと思います。外のような部屋、あるいは内のような外部というスペースです。この外部でも内部でもない空間を設けることこそ、豊かな住空間を生み出す間取り設計の秘訣なのです（図表4-6-1）。

　建築的には外壁で囲まれた内側が内部ということになりますが、心理的には必ずしもそうではなく、外だけれども内側のように感じられれば内部と言っていいでしょう。逆に屋内だけれども外のように感じられれば外部と言ってもいいと思います。

　最近では縁側を設ける方は少ないと思いますが、必ずしも中間領域をつくるのに縁側である必要はありません。例えば軒を深くしてバルコニーやテラスを設けるだけでも半戸外の空間、すなわち中間領域が生まれます。

　設計テクニックとしては、屋内の床面とバルコニーやテラスの床面の高さを一致させることです（図表4-6-2）。

図表4-6-1　中間領域

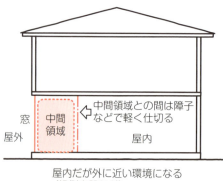
屋内だが外に近い環境になる
（縁側空間など）

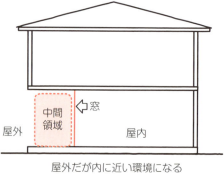
屋外だが内に近い環境になる
（テラスやバルコニーなど）

図表 4-6-2 ① 中間領域（デッキテラスの例）

図表 4-6-2 ②　中間領域（デッキテラスの例）

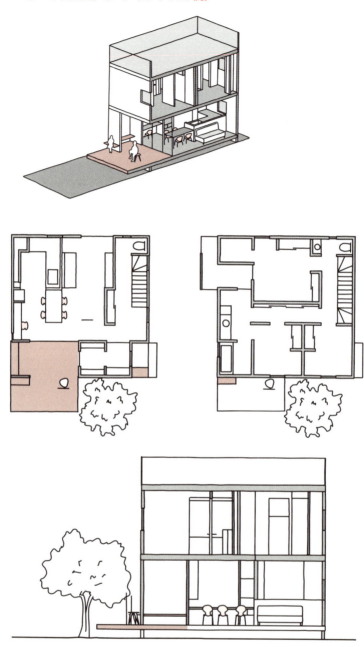

第5章　実際に間取りを描いてみる

5-1 住宅の寸法を知る —モジュールについて

いよいよ間取りを実際に描いてみましょう。

まず日本の住宅には規準となる寸法が決まっていて、尺モジュールかメーターモジュールのいずれかです（例外もあります）。一般的に在来木造と言われている日本の住宅は、910mm（きゅうひゃくとうモジュール）を基本寸法としてつくられています。尺モジュールとも言います。ここではそれを前提に解説していきます。

用意するものは方眼紙です（図表5-1-1）。どんなものでも構いませんが、在来木造住宅用に9.1mmピッチに線が引かれている便利な専用のグリッド用紙も売られています（「はじめに」参照）。なければ文具店で売っている普通の方眼紙やグラフ用紙で構いません。本書では正式な設計図面を書くのではなく、だいたいの間取りがつくれればよいと思ってください。このだいたいの間取りを「ラフプラン」と言います。

ただし床面積を計算する際は注意が必要です。

方眼紙は5mm間隔で薄い線が引かれていると思いますが、その線上に家の壁の中心が作られると思ってください（図表0-0-0参照）。しかし、いきなり壁の線を引き始めるわけにはいきません。その前にやることがあります。それがゾーニングという作業です。

ポイント

・日本の木造住宅の基本寸法は910mm

図表 5-1-1　方眼紙

5-2 場所を決める ―ゾーニング

　ゾーニングとは、同じような機能の空間（領域）をグループにして、大まかな場所を決めることです。このゾーニングは、細かく部屋の位置を決める前に必ず行なう必要があります。

　空間（領域）のことを「ゾーン」と言い、大きく3つに分けられます。まずリビングやダイニングなどの家族の誰もが集まり利用する空間を「パブリックゾーン」と言います。また玄関やホールなども家族だけでなくお客様も通りますのでパブリックゾーンと言っていいでしょう。

　それに対して、主寝室や子供室などの家族それぞれが専用で使う空間を「プライベートゾーン」と言います。

　またキッチン、洗面室や浴室、トイレなどを「水周りゾーン」と言いますが、キッチンはダイニングに近い性格の空間と考えることもできるのでパブリックゾーンと考えても構いません（図表 5-2-1）。

　この他に、それらの部屋をつなぐ廊下や階段スペースがあり、また収納スペースももちろん必要です。家の中のことだけでなく敷地のどのあたりに家を建てるか、庭はどこに設けるか、駐車スペースはどこにするかなどを考えて決めるのもゾーニングです。

図表 5-2-1　ゾーンの種類

パブリックゾーン
　□リビング
　□ダイニング
　□玄関
　□ホール
　（□キッチン）

プライベートゾーン
　□主寝室
　□子供室

水周りゾーン
　□キッチン
　□洗面室
　□トイレ

その他
　□廊下
　□階段
　□収納
　□庭
　□駐車スペース

(1) 1階のゾーニング

まず、敷地のゾーニング（配置計画）から考えてみましょう。敷地の形状は様々ですし、道路がどちら側にあるかによっても変わります。ここでは例として南側に道路がある場合で考えてみます（図表5-2-2）。あなたの土地が仮に南側道路でないとしても、間取りをつくる基本的な手順は変わりません。この例を参考にしてください。

では、ゾーニングのやり方を具体的に説明していきます。第4章で解説したことを思い出しながら進めていきましょう。正解は一つではありません。3案くらい作るつもりで検討に入ります。

＜駐車スペースの配置＞

最初に玄関と駐車スペースの位置を考えます。なぜなら、駐車スペースを設ける位置によって内部の間取りがずいぶん変わってしまうからです。

話を進めるうえでモデルとなる家族構成とその家族の仮想の要望を、図表5-2-3 にまとめました。

ではまず一旦、駐車スペースの位置を南西側に設けてみます。駐車スペースは当然道路に面しなくてはなりませんので、この敷地の場合では南の西側か東側か、あるいは真ん中のいずれかという選択肢になります（図表5-2-4）。縦列駐車がとても大変だということは、運転免許を持っておられる方であればご存知のはず

図表5-2-2　敷地のゾーニング（例）

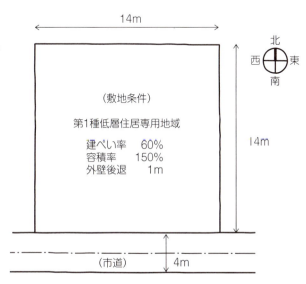

例題
・地形：間口14m 奥行14m
・敷地面積：196m²
・接道：南側で 幅6mの市道
・隣地：北・東・西側 （高低差はなし）
・北側斜線 立ち上がり5cm 勾配1.25
・道路斜線 勾配1.25

図表 5-2-3　仮想の要望

- 家族構成

    夫婦、子供2人
- リビングは1階で、吹き抜けが欲しい
- キッチンは対面式がいい
- ダイニングから庭に出られるようにしたい
- 庭はウッドデッキにして、たまにはそこで食事をしたい
- 駐車スペースは、来客用も兼ねて2台のスペースが欲しい
- 2階に主寝室と子供室を設けて欲しい
- 洗濯物は道路から見えないように干したい

図表 5-2-4　1階ゾーニング① 駐車スペース

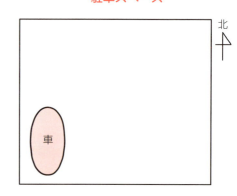

図表 5-2-5　1階ゾーニング② 庭

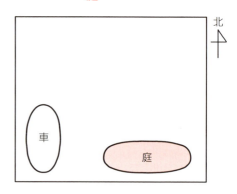

図表 5-2-6　1階ゾーニング③ 玄関

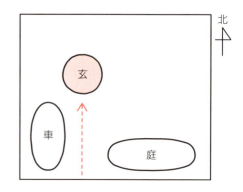

です。なるべく垂直に車庫入れできるように駐車スペースをゾーニングしましょう。自転車もその辺りに置けるようにします。

道路側に庭を取れそうであれば確保しておきましょう（図表5-2-5）。

駐車スペースの位置を決めましたから、そこからなるべく近いところに玄関を設けることにします。私は玄関をなるべく敷地の奥に設けるほうが良いと考えていますので、駐車スペースの奥の北西のあたりにゾーニングします（図表5-2-6）。

＜建物内部の位置を決める＞

次に建物内部のゾーニングに移ります。実はゾーニングを考えるうえで一番難しいのが階段の位置です。なるべく玄関から遠く離れないようにゾーニングすると

良いと思います。家の奥まで回り込んで階段を設けることや、リビングの中に設けて2階に上がることもできます。ここでは初級編ということで玄関に近い北隣に配置してみます（図表5-2-7）。

次にパブリックゾーンのリビングやダイニング、キッチンをどこにするか考えてみましょう。このとき同時に、水周りゾーンの洗面所や浴室、トイレの位置も考えなくてはなりません。

どうやって決めるかというと、一日の生活を想像することから始めます。例えば、朝陽の入らない薄暗い場所で朝食を摂るのは、一日のスタートとして元気が出ないような気がします。

実際に朝陽を浴びることで交感神経が活発になることも明らかになっています。一日を快活に過ごすためにも、朝陽が当たる場所にダイニングを設けるほうが良いことになります。すなわちダイニングは、太陽が昇る東側にゾーニングするのが良いことが理解いただけると思います（図表5-2-8）。

次にリビングです。リビングは、1階にするか2階にするかで判断が分かれます。両方の案を考えて比較しても良いでしょう。ここでは仮想の要望どおり、1階にリビングを設ける間取りを考えます。

リビングは南側に設けたいと思う方が多いのではないでしょうか。必ずしも南側でなくても快適なリビングはできます

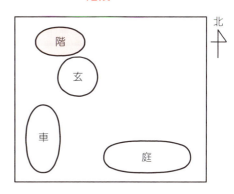

図表5-2-7　1階ゾーニング④　階段

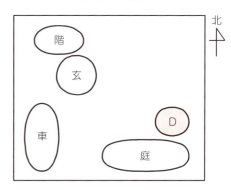

図表5-2-8　1階ゾーニング⑤　ダイニング

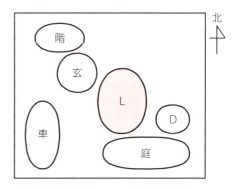

図表5-2-9　1階ゾーニング⑥　リビング

が、一応ここでは玄関とダイニングの間の南に面したところにゾーニングしておきます（図表 5-2-9）。

　次にキッチンの位置ですが、これはダイニングに近いほうが便利なことは言うまでもありません。しかしそれだけではなく、家事動線も考えると、洗濯機が置かれている場所なども近いほうがなにかと便利です。さらにキッチンは、なるべく西側を避けたほうがよいと考えられています。とりわけ夏季の西陽はきついので食材などが傷みやすいからです。そうなるとキッチンは自ずとダイニングに接する東側のあたりにゾーニングするのが良さそうです（図表 5-2-10）。

　残るは水周りの洗面所や浴室・トイレです。長時間いる場所ではありませんから、西側や北側でも構わないと割り切ってゾーニングします。この例では北側に配置することにします（図表 5-2-11）。

　これで 1 階のゾーニングができました（図表 5-2-12）。図表 5-2-12 の中に描かれた矢印が示すのは、生活動線と家事動線です。

(2) 2 階のゾーニング

　1 階のゾーニングが完成したら、次は 2 階のゾーニングを考えてみます。2 階は、夫婦の寝室や子供たちの部屋になります。すなわちプライベートゾーンです。すでに階段の位置は 1 階のゾーニング

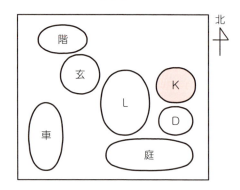

図表 5-2-10　1 階ゾーニング⑦
キッチン

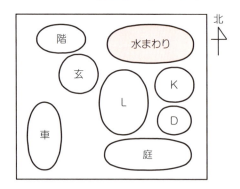

図表 5-2-11　1 階ゾーニング⑧
洗面所・浴室・トイレ

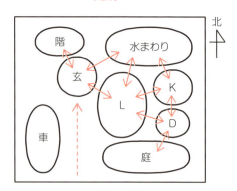

図表 5-2-12　1 階ゾーニング⑨
完成

で決まっていますので、まずはその位置を記入します（図表5-2-13）。さらに、仮想の要望によると、リビングは吹き抜けを希望していたため、吹き抜けのスペースも点線で描いておきます。

次は寝室です。寝室はなるべく西側を避けて設けることにします。その理由は西陽の熱はきついからです。階段を北西のあたりにしましたから、主寝室を道路から離れた静かな北東の角に配置します。

同時に子供室の位置も考えます。子供室は、朝陽で目覚めが良いように東側に設けることにします（図表5-2-14）。なお、この例では子供が2人いるので、2人分のスペースを確保します。

2階にもトイレが必要ですから忘れずに記入します。その際、1階のトイレの位置の真上にすると、給水や排水設備工事のためにも都合がいいです。なるべく1階と2階の上下を揃えると良いですが、絶対ではありません（図表5-2-15）。

2階は寝室が並ぶことになりますので、各部屋に行くための廊下が必要です。なるべく短いほうが良いのですが、そうはいかない場合も出てきます。そのようなときは廊下の幅をほんの少しだけ（30～50cm）広げて、通行以外の用途も考えると良いでしょう。ここでは2階の廊下を少し広げて子供たちの共有スペースにします（図表5-2-16）。

また廊下の片隅にちょっとしたカウンターをつくり付けることで、書斎コーナ

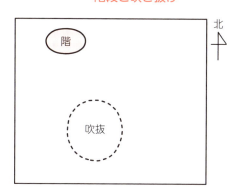

図表5-2-13　2階ゾーニング①　階段と吹き抜け

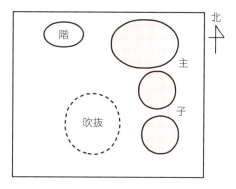

図表5-2-14　2階ゾーニング②　寝室と子供室

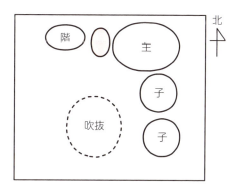

図表5-2-15　2階ゾーニング③　トイレ

図表 5-2-16　2 階ゾーニング④
　　　　　　廊下（スタディスペース
　　　　　　と書斎スペース）

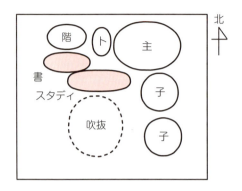

図表 5-2-17　2 階ゾーニング⑤
　　　　　　完成

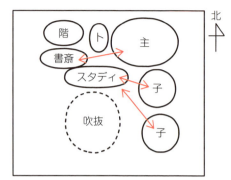

図表 5-2-18　間取りの下書き

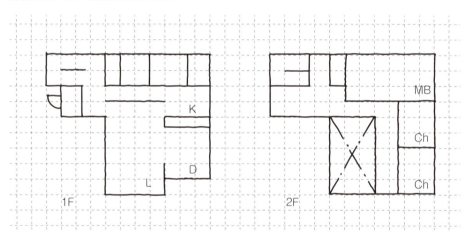

ーのようなスペースにします。こうすることで廊下が単なる通路ではなくなるので、無駄なスペースではなくなります。

　これで2階のゾーニングができました（図表 5-2-17）。次に間取りの下書きをしていきます（図表 5-2-18）。

5-3 間取りの下書き

　完成したゾーニングを見ながら部屋の輪郭線を引いていきます。その過程で、ゾーニングを変える必要が出てくることが度々あります。それは仕方のないことです。最終的に良い間取りができればいいのですから、下書き段階ではいくらでも変更していいと思ってください。

　少し専門用語ですが、このような作業を「エスキス」と言います。直訳すると「素描」とか「下書き」という意味で、まだ決定されていない間取りや空間のイメージをスケッチしながら検討を進めることです。

　実はエスキスが上手くなるためには筆記用具がとても重要です。弘法筆を選ばずとはいかず、選ぶ必要があります。多くの方がお使いになっている 0.3mm や 0.5mm などの細いものは使わず、建築士はなるべく太いシャープペンシルを使います。0.5mm 以下のものを使うと細かいことばかりが気になり、住宅全体のバランスがわからなくなってしまうからです。わたしは 1.3mm のシャープペンシルを主に使っています。

(1) 家具のサイズを把握する

　建築学部の学生たちに初めて間取りを描かせると、ほとんど共通の知識不足があることがわかります。それは家具のサイズを認識していないことです。身近にあるイスやテーブル、ソファなどのサイズも正確に認識している学生はわずかです。これは他の大学の先生方に聞いても同じです。

　座った途端にお尻に突き刺さってしまうのではないかと思うくらい小さなイスを描いたり、どう少なく見積もっても 10 人ぐらいが一同に会して食事ができそうな巨大なダイニングテーブルを描いたり、はたまた 3 畳ぐらいの部屋に極小のソファが置かれていたりします。

　そんな経験から、学生諸君に最初に出す宿題は、自宅にあるイスやテーブルのサイズを測ってもらうことにしています。あるいはスターバックスのイスでもいいので測って来るように伝えます。そうなると、30cm 定規では測れないので嫌でも巻尺（メジャー）を買って調べなくてはなりません。ここで初めてリアルなサイズを知ることになります。この作業は間取り設計をするうえでとても重要なことです。自分で測ることでしっかりと記憶に残ります。みなさんもぜひ、今座っているイスやソファのサイズを測ってみてください。ご参考までに、一般的な置

第 5 章　実際に間取りを描いてみる　•93•

図表 5-3-1-①　一般的な置き家具のサイズ

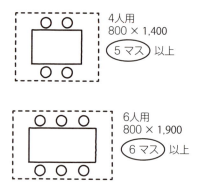

※単位は〔mm〕

き家具のサイズを図表 5-3-1 に示します。

　家具のだいたいのサイズがわかったところで、一般的な部屋のサイズを知っておく必要があります。

　ある程度標準的な大きさが決まっていて、必ず必要となる水周りのスペースから説明しておきます。これから説明するサイズはあくまで標準的な広さのことで、もちろんそうでなくてはならない、ということではありません。

(2) 水周りのサイズを知る

＜洗面所＞

　建売住宅などの間取りを調べると、1820×1820mm（または2000×2000mm）という洗面所が多いことがわかります。しかしこの面積は意外と狭いのでおすすめできません。最低でも1820×2275〜2730mm ぐらいのスペースを確保することをおすすめします（図表 5-3-2）。

　欧米などでは洗濯機をキッチンなどに置く場合が多いのですが、日本では洗面所に洗濯機を置くのが一般的です。そうなると、なおさら狭くなってしまいます。できれば洗濯室を別にするといいのですが、そうはいかない場合は、洗面室を少し広めにしておくと良いでしょう。

　また前述しましたが、洗濯物の部屋干しをする家庭が増えています。そのようなご家庭でも、洗濯物がリビングやダイニングなどの生活空間に、はみ出ないようにしたいものです。部屋干しができるようなランドリースペースを兼ねるために、洗面所を広めにしておくとスッキリとした生活ができます。

＜浴室＞

　浴室のサイズは、1820×1820mm

図表 5-3-1-② 一般的な置き家具のサイズ

【ソファ】

2人掛　　W = 1,600 〜 1,800
　　　　D = 　800 〜 1,000

3人掛　　W = 2,100 〜 2,400
　　　　D = 　900 〜 1,000

【ベッド】

シングル　W = 1,000
　　　　 D = 2,000

ツイン　　W = 2,000
　　　　 D = 2,000

セミダブル　W = 1,200 〜 1,400
　　　　　 D = 2,000

ダブル　　W = 1,400 〜 1,600
　　　　 D = 2,000

クイーン　W = 1,800
　　　　 D = 2,000

※単位は〔mm〕

図表 5-3-2　洗面所と浴室のサイズ

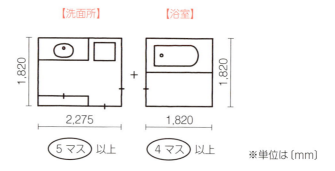

という広さが最も一般的です。

　ユニットバスとは、壁や浴槽が一体になっている浴室を、すっぽり嵌め込むものです。材質は FRP という強いプラスチックでできているものが多く、サイズやタイプは様々ですが、値段もピンキリです。

　ユニットバスのメリットは、水漏れなどの心配がほとんどないことです。そのため 2 階や 3 階に浴室を設けても安心です。ユニットバスが普及する前はお風呂を 2 階に置くことなど、とても考えられないことでした。ユニットバスのおかげで間取り設計の自由度が高まったとも言えます。

　お風呂好きな方は、凝った浴室にするのも良いかもしれません。私はタイル壁とヒノキ風呂が好みなのですが、マイノリティになってしまいました。

　浴室には洗面所から入るのが一般的です。洗面所で脱衣をすることになりますので、洗面所にはバスタオルなどを入れておく収納棚が必要になります。

＜トイレ＞

　トイレは 910×1820mm というサイズが一般的です。小さい手洗器を付ける場合は幅を少し広げて 1365mm（＝910＋455）にすると良いでしょう（図表 5-3-3）。

　さてここまでの説明を読んで、何だかややこしそうだと思われている方がいらっしゃるのではないでしょうか。

　数字が細かすぎて覚えられないのではと、少し不安な気持ちになられていませんか？　そこでその不安を払拭するために、改めて図表 5-3-1 から図表 5-3-3 をご覧ください。

　前述しましたが、間取りは実際の住宅を 100 分の 1 に縮めて描きます。グリッド方眼紙の 1 マスを実際のサイズにすると、910mm×910mm の広さになります。それでは浴室はマスがいくつ必要でしょうか？　1820×1820mm ということは、マスが 4 つ必要だとい

図表 5-3-3 トイレのサイズ

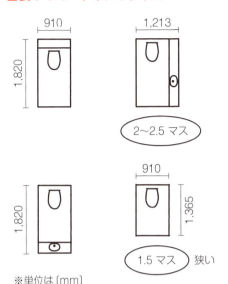

図表 5-3-4 キッチンの大きさ

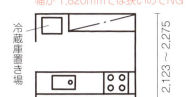

うことがわかります。では洗面所はというと、4マスだと狭すぎるので、5～6マスほど必要になります。トイレは幅が1～1.5マスです。

図表5-3-1～5-3-3に書かれた「何マス以上」という記述は、グリッド方眼紙に間取りを描くときの目安にしてください。

(3) 部屋のサイズを知る

＜キッチン＞

キッチンはどうでしょうか？　女性が一番こだわりたいスペースでもあります。もちろん料理が得意な男性もたくさんいらっしゃいますので、こだわって作りたいと思うものです。予算との兼ね合いもありますが、広くすることは自由なわけですから、ここでは「これ以下の広さにすると使いにくい」というサイズを覚えておいてください。

建売住宅の間取りで、幅が1820mmのキッチンをよく見かけます。流し台の後ろに食器棚や冷蔵庫置き場があるプランですが、この幅では狭くて使い勝手が良くありません。最低でも幅が2.5マス欲しいところで、少し変な寸法になりますが303mm足して2123mmという幅でも良いと覚えておいてください。この303mmは、910mmの3分の1です（図表5-3-4）。

＜ダイニング＞

ダイニングは、家族の人数によって食卓のサイズが決まることは言うまでもありません。食卓の大きさによって、自ずとダイニングルームの広さも決まってきます。また来客が多い方は、それなりの広さを確保しておく必要があります。だいたい4～6人ぐらいの家族でしたら9

第5章　実際に間取りを描いてみる　・97・

図表 5-3-5　玄関の標準的な広さ

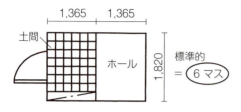
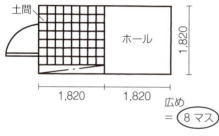
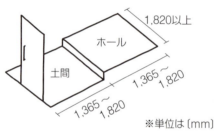

※単位は〔mm〕

マスぐらいあると良いでしょう。これは4畳半の広さに相当します。

＜リビング＞

さていよいよリビングルームですが、これはライフスタイルによって様々です。ごく一般的には8～12畳ほどが多いのですが、ダイニングルームと一体化している間取りがほとんどだと思います。一概にこれだけの広さを確保したほうがよいという規準はありません。前述しましたが、同じ広さでも広く感じさせる設計手法がありますので、無駄にリビングだけを広く確保する必要もありません。

＜玄関＞

玄関の大きさも知っておく必要があります。玄関は土間の部分と一段上がったホールを含めた広さになります。だいたい6マス程度が一般的です。しかしこれも、こうしなくてはならないという決まりはありません。

自由に決めて構わないのですが、意外と玄関はモノに溢れる可能性がありますので、狭くし過ぎないほうが賢明です。もし小さくするのであれば十分な広さの玄関収納をしっかりつくり付けることでスッキリとした玄関になります。玄関の例を図表 5-3-5 に示しますので参考にしてください。

＜階段＞

次に階段が占める面積について説明します。階段は想像以上に大きなスペースを占めてしまいます。もったいないからといって階段の占める面積を小さくすると、急な階段になってしまい、歳を重ねるにつれ上り下りが辛くなります。階段の勾配は後から容易に直せませんので一生後悔することになりかねません。

法律（建築基準法）でも、最低限の勾配は定められていますが、最低限の勾配でつくってしまうととても急な階段になってしまいます。階段を踏み外して転げ落ちないように、緩やかな階段を設けることをおすすめします。

階段にはいろいろなタイプがあります。代表的な例を図表5-3-6に示します。階段はだいたい4〜5マスぐらい必要です。さらに上の階でも同じだけの面積が必要になります。繰り返しになりますが、必ず階段に占める面積は広めに確保しておきましょう。

ただし幅はあまり広くする必要はなく、910mmあれば良いと思ってください。上り下りの安全性を考えると手すりを取り付けるのが望ましいのですが、両側につけることはほとんどありません。家族が階段ですれ違うことは稀にしかないと思えば、1人分が通れる幅で良いのです。もしすれ違いそうになれば、どちらかがほんの少しだけ待っていれば済むことです。

＜ホームエレベータ＞

筆者が3階建て住宅の商品開発を手がけていた頃に、小型のホームエレベータを企画し開発した経験があります。

バリアフリーが常識になりつつある頃、同じ階の床は段差をできる限りなくしてフラットにすることはできたのですが、上階に行くためには階段を使わなければなりませんでした。これはどう考えてもバリアフリーとは言えないと思い、小さいホームエレベータを開発することにしました。

その当時は3人乗り以上のホームエレベータしか世の中では販売されてなく、サイズが大きくてとても住宅用には適し

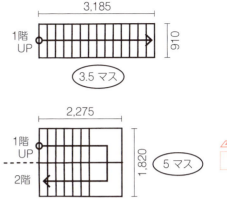

図表5-3-6　階段の標準的な広さ

ていませんでした。そこで2人乗りのコンパクトなものを開発したのですが、発売当時は好評を博したにも拘わらず、法律で定期点検が定められていて毎年点検費用が掛かってしまい、今なお残念ながらこの法律が普及の妨げになっています。また、エレベータを付ければ階段はなくても構わないという法律もなく、贅沢なものというイメージになっています。

エレベータの利便性はとても高く、とりわけ2階にリビングやキッチンを設けるプランなどでは、とても重宝します。家族が移動することだけでなく、例えばお米を買ってきてキッチンに運ぶとき、階段で持って上がるのはとても大変です。買い物袋を2つ両手に持って上がって足を踏み外して転落でもすれば大惨事になりかねません。そのようなときにホームエレベータがあればラクに運ぶことができます。高齢になるとなおさら重宝す

図表 5-3-7 エレベータスペース

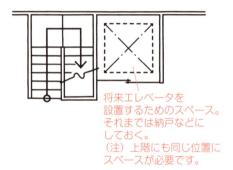

将来エレベータを設置するためのスペース。それまでは納戸などにしておく。
（注）上階にも同じ位置にスペースが必要です。

ることは言うまでもありません。

　もし今エレベータを付けるだけの資金がなくても、いずれ改築でエレベータを設けられるようなスペースをあらかじめ考えておくと良いでしょう。例えば階段の近くに1坪ぐらいの収納を設けておいて、いずれそのスペースをホームエレベータに改築できれば、将来足腰が弱ってしまって階段の昇降がきつくなったときにとても助かります。

　エレベータに関する法律が改正され、定期点検費用も安くなれば一般家庭にもっと普及すると思いますし、そうなることを期待したいと思います（図表5-3-7）。

(4) 壁の線を描く

　部屋のサイズがわかったところで、実際に部屋の壁の線を描いていきます。壁の厚みを考えて二重線にする必要はなく、壁の芯を単線で引いて構いません。グリッド線（マス目）にそって描いてみてください。前述しましたが、部屋のサイズがほぼ決まっている水周りや階段、玄関などから書いていき、残ったスペースにリビングやダイニングを描いていきます。

コラム　建築学部の学生が初めて耳にする「エスキス」

建築学部に入学して、はじめて耳にする聞き慣れない言葉がこの「エスキス」かもしれません。大学の設計の授業では学生が描いたエスキスに対して教員がアドバイスをします。これを「教員のエスキスチェックを受ける」とか「エスキスを受ける」とかと言います。これを繰り返すことで徐々に良いプランになり完成度が上がります。学生はその設計演習の授業を通して教員から設計の定石やコツを学んでいくことになります。

5-4 立体的に考える

　住宅は立体空間ですから立体的に考えなくてはなりません。当り前のことですが、これがなかなか言うはやすしで案外難しく、建築学部の学生でもすぐにはできません。

　「断面図」という図面の種類があり、学生には必ずこの断面を想像しながら設計しなさいと指導します。断面とは、建物を垂直にカットして、それを横から見た図のことです（図表5-4-1）。

　仮に「立体的に想像しなさい」とだけ伝えると、多くの学生はパース（透視図）をいきなり描き始めてしまいます。パースとは、建売住宅やマンションなどの完成予想図として書かれているアレです。

　たしかにプロである建築士は頭に思い浮かんだイメージをパースなどで表現して、それをもとに図面化をするというプロセスを踏むケースがあるのですが、その高度なテクニックは一朝一夕に習得できるものではありません。学生たちが真似すると頭の中で想像して描いたパースが、教員たちの指摘により非現実的であることに気づかされます。

　立体的に考えるには、まず断面を描いてみるのが賢明です。

　学生の場合は、その次に小さな模型をつくることで立体的に考える力を身につけます。模型は授業ではスチレンボードやバルサ板などを使って作成しますが、少し厚手の紙などでつくることでも十分立体的に想像することができます。

コラム 設計をするときの文具

ゾーニングをするときは、5mmもあるとても太いドローイング用のホルダーを使っています。手元にない方は鉛筆の先を尖らさずに使っても構いません。製図用の芯ホルダーも売られていて、建築学部の学生は入学すると最初に購入することになります。大学の教員たちも、それぞれこだわりのある筆記用具を使っています。建築設計を生業としているプロは、文具オタクが多いように感じます。私も然りで文具売り場に行くと時が経つのを忘れてしまいます。

図表 5-4-1　断面図

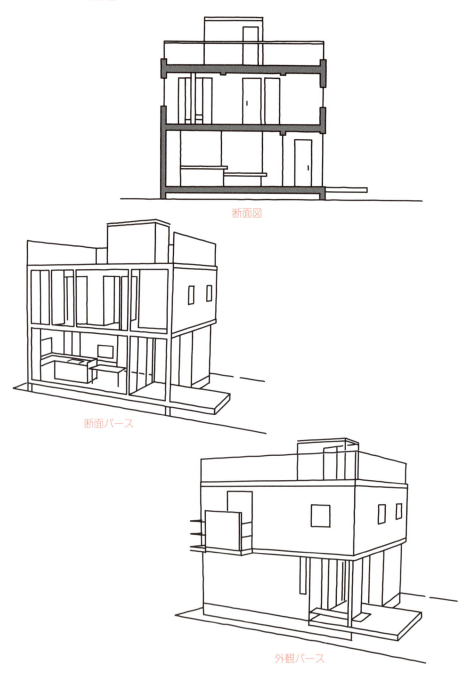

断面図

断面パース

外観パース

5-5 図面として完成させる

　ラフプラン（間取り図）がある程度できたら、図面として仕上げる段階に入ります。そのことを製図と言います。一般の方は、製図して図面を完成させる必要ありません。ラフプラン（間取り図）をハウスメーカーに渡して、正式な図面に仕上げてもらえばいいのです。

　建築の学生はしっかりと最後まで図面を描く必要があります。授業ではコンピュータで図面を書く CAD の操作を学ぶ大学が多いのですが、基本は手書きで図面が描けなくてはなりません。建築学部を卒業すると建築士の国家試験が待っていますが、2次試験は設計製図の実技試験です。この実技は CAD ではなく手描きですので、潔く諦めて手で描く能力を身に付けなくてはなりません。

コラム　引き戸のすすめ

　現代住宅では、引き戸といえば和室の出入りや押入れの襖ぐらいにしか見られなくなってしまい、すっかり開き戸が主流になりました。開き戸は洋風化の産物で、もともと日本の家屋に開き戸はありませんでした。室町時代の遺跡から発見された回転できる板が建て具の原型という説がありますが、定かではありません。現代の住宅の引き戸の原型は平安時代の寝殿造りにあると言われていますが、それも洋風化の波に呑まれてしまったわけです。

　引き戸は隙間があってピタッと閉まらないのではないか、と思っている方は認識を新たにしていただいたほうが良さそうです。現在では改良が進み開き戸にひけを取らないくらいに性能は上がっていますし開け閉めもスムーズです。回転する開き戸に比べて人にぶつかる恐れはありません。また引き戸は全開せずに少しだけ開けておくことができます。視線はカットしながら風通しを確保するなど上手い使い方が考えられます。私はほとんどの部屋の扉を引き戸にしてしまっても良いと思っています。

　もし将来、車椅子などを利用することになると、開き戸はとても使い勝手が悪いことがわかっています。筆者が以前勤めていた住宅会社には車椅子の体験ができる施設があったので、開き戸の不便さを実感することができました。

　また最近では、玄関ドアでも洋風の引き戸が発売され始めています。

第5章　実際に間取りを描いてみる　•103•

第6章　プロが考慮している必須事項
～住宅建築基礎知識

6-1 方位と季節

＜方位＞

　方位（方角）は家を設計するうえでとても重要です。太陽の位置が刻々と変わりますから、どのように陽の光を室内に採り入れたら良いかを考えながら設計します。

　風がどの方角からよく吹いてくるのかも、知る必要があります。うまく風をキャッチできれば暑い日でも少しは快適に暮らすことができます。

　温熱的にも方位は重要です。前述しましたが西陽は想像以上に厳しいので、いくら壁や窓が遮熱や断熱がされていると言っても限界があります。間取りを考えるうえで注意しなくてなりません。

＜季節＞

　日本には四季があり、その移ろいを楽しめる国です。もちろん北と南の地域ではずいぶん気候が違いますが、四季があることに違いはありません。

　人は自然の一員なのですから、自然を感じながら暮らせてこそ人間らしい生活が送れるのだと思います。住まいも機能的に生活できればそれで良いというものではありません。

　家に居ながらにして季節を感じられるようにするにはどうしたら良いのでしょうか。その最も簡単な方法は樹木を植えて、室内から眼で見て楽しめるようにすることではないでしょうか。とりわけ落葉樹の、秋に落葉して春に芽吹くという自然のゆったりとしたサイクルは、心を穏やかにしてくれるように感じます。

　近年、１本も樹木を植えていない住宅を見かけますが残念でなりません。良い建築家の設計した住宅には必ずと言っていいほど素敵な樹木が植えられています。

6-2 太陽高度と日射遮蔽

＜太陽高度＞

太陽の位置は季節によって変わります。夏の太陽は高い軌道で冬は低い軌道を描きます。すなわち室内のどこまで陽が入ってくるか季節によって変わります。都合がいいことに夏の太陽高度は高いので、あまり奥まで直射が入ってこないことになり部屋の中が暑くならずにすみます。

逆に冬は低い軌道ですから南からの直射が奥のほうまで届きますので陽だまりの気持ちよさが期待できます。

しかしこれには、適度な庇や軒の出が必要になります。近年の家はこの庇や軒がない家が多くなり、窓ガラスの性能に頼るしかないのが現実です。南側の窓の外に落葉樹を植えると少しは庇の代用になりますので良い方法です。

＜日射遮蔽＞

夏場でもっとも大切なことは、日射をうまく遮蔽するということです。すなわち日除けを適切に施すことですが、まずは窓から入ってくる太陽熱を抑えなくてはなりません。

一番厳しいのは西陽ですので西面の外壁につける窓ガラスは遮熱断熱タイプにするほうが良いと言えます。南面は太陽高度が高くなりますので、庇などで直射を遮る工夫が良いのです。南側の窓まで遮熱タイプにしてしまうと、冬場の陽だまりの暖かさが感じられなくなり良くありません。遮熱はせずに断熱タイプの窓ガラスにしましょう。

次に西面の窓の外側にヨシズやブラインドのような日除けを付けることで直射を防ぐことができます。ゴーヤなどのつる植物を植えて日除けをすることも効果的であることがわかっています。

6-3 パッシブデザイン

あまり聞きなれない言葉かもしれませんが、とても重要な考え方ですので知っていただきたいと思います。パッシブとは受動的という意味で、パッシブデザインとは受動的な設計（＝デザイン）ということになります。

具体的に言うと、夏季は自然の風をうまく部屋の中に取り込むことや、太陽の熱をできるだけ部屋に入れないように工夫することで、あまり冷房機器に頼り過ぎずに快適に暮らせるように設計することです。また冬季は太陽の熱をうまく取り入れることができるような設計をして、温かく暮らせるように考える設計のことです。

「なんだ、簡単じゃないか」と思っていただければいいのです。しかしこの簡単なことをやっていない家がたくさん建っているのが現状です。ですからこれから設計をしようとされているあなたは、必ずこのパッシブデザインを意識して間取りをつくっていただきたいと思います。

ここでは、夏季のパッシブデザインについて詳しく説明します。

夏季のパッシブデザインのことを「パッシブクーリング」と言います（図表6-3-1）。前述しましたが、まずは風をうまく取り入れることです。風を家の中に取り込むには風の入口と出口が必要ですから、必ず部屋ごとに窓が2カ所以上必要です。ところが角部屋でないと、どうしても1カ所しか窓をつけられない場合がおきてしまいます。そのような場合は、その部屋の入口のドアの上に開閉できる欄間を設ける工夫が必要です。

また、空気は暖かくなると軽くなり上昇する性質がありますので、天井面に近いところには暖かい空気が溜まります。冬であればまだしも、夏はたまったものではありません。

これに関してよく耳にする失敗談があります。高窓が付いた大きな吹き抜け空間があるリビングの家を購入したら、夏に暑くて大変な思いをしたという話です。その高窓が、開閉できない嵌め殺し窓だったのです。おそらく夏には、その天井面のあたりの空気は50℃近くなっていたのではと想像できます。そうなるとエアコンを最強にして暮らさなければならないのです。

この家族が購入したのは12月で、新年を新築住宅で迎えようと思ったわけです。夏のことなんて考えてもみなかったと悔やんでも、もう後の祭りでどうにもなりません。

高窓や天窓を、嵌め殺し窓から開閉で

図表 6-3-1　パッシブデザイン

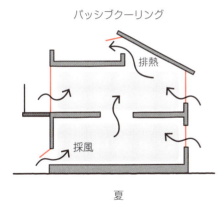
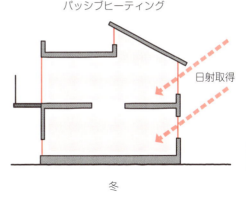

　きる窓に交換するには、仮設足場代なども加算されて高い費用が掛かります。この失敗談からわかるように、高いところに設置する窓は、どこか必ず開閉できるようにしておかなければなりません。

　また窓を付ける方位も重要です。西側の高いところに付けてしまうと強烈な西陽に悩まされますので、なるべく直射が当たりにくい北側の外壁や屋根に設けるのが賢明です。

　高いところの窓は拭き掃除のことも考えておく必要があります。嵌め殺し窓は外から見るとスッキリしていて格好良く見えるのですが、室内から見ると汚れが目立って台なしです。拭き掃除ができるかどうかはとても大切です。階段周りに付ける窓も同様ですので、手が届かないようなことのないように気をつけてください（図表 2-6-5 参照）。

　さて、1 つの部屋に最低 2 カ所の窓が必要だということはわかっていただいたと思いますが、取り付ける位置はなるべく対角線上になるようにすることで部屋に中をうまく風が通り抜けるようになります。さらに風の通り道を見つけて有効な窓を配置します。

　風の通り道を見つけるのは簡単ではないのですが、その地域の卓越風と言われるよく吹く風の向きがあります。実際には隣地に建っている建物形状の影響を受けて風の向きは変わってしまいますが、だいたいの目安として知っておく必要があります。

　卓越風は気象庁のホームページから確認することができます。調べた結果、仮に卓越風が南風だとすると、風の通り道に南から北に向かって風が吹いてきますから、それをうまく受け止めるような窓を付けることができれば有効です。風の向きを強制的に部屋内のほうに変えてし

まうウィンドキャッチ窓というものもあります（図表 6-3-2）。

図表 6-3-2　ウィンドキャッチ窓

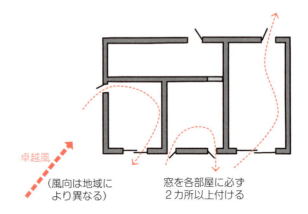

卓越風
（風向は地域により異なる）

窓を各部屋に必ず2カ所以上付ける

コラム　ペットのように愛したくなる車

　私の友人の一人にとても小さくて可愛い車を開発しようとチャレンジしているリモノというベンチャー企業の伊藤慎介さんという方がいます。それは今までの車の概念を大きく変えてしまうようなものです。その車は固くて危ないモノではなく、柔らかくて人に優しい車です。そんなことが本当にできるのかと思われるかもしれませんが、発売されたらきっと多くの人の心を虜にすると思います。今盛んに開発されている自動運転技術も重要なのかもしれませんが、大切なことは車を危険なものとして位置付けるのではなく、より人間に寄り添った優しいモノとして開発すべきなのだと気付かされる、そんな素敵な車です。

　こんな車だったら、庭先の駐車スペースではなく、家の中まで入れてしまいたいと思うことでしょう。まるで室内犬を飼うような感覚に近いのではないかと思います。

6-4 換気

(1) なぜ換気は必要なのか

　最近の住宅は気密性能が上がり、隙間風が入ってくることは一昔前の話になってしまいました。そして気密性の高い室内は、放っておくと空気が徐々に汚れてしまい健康を害する恐れがあるという判断から、換気が義務付けられました。

　必ず換気扇を取り付けて、スイッチを切らずに24時間ずっと回しておかなければなりません。ここでは、そういう法律ができてしまったということを知っておいてください。

(2) 自然換気について

　空気は温まると軽くなり、上昇する性質があります。部屋の上部、あるいは2階に上昇していきます。すなわち高いところに窓があると、そこから部屋の空気は抜けていきます。この性質を利用して換気することを「重力換気」あるいは「温度差換気」と言います。空気が抜けるためには、必ず入ってくる窓が必要ですが、それはなるべく低い位置がいいということになります。

　また、外を吹く風の力を使って換気を促進する方法もあります。2階の高窓や天窓を風下側に設けると、室内の空気が外に排出される効果があります。外に吸いだされると言ったほうがわかりやすいかもしれません。

　繰り返しますが風下側の高いところに窓を設けるのがポイントです。低いところの風の流れは周囲の建物の影響を受けてしまいますから、風の向きの予測が難しいのです。うまく風を利用することができたら換気を促進する効果があることを知っておいてください。

コラム　　チラシ広告の罠

　建売業者やマンション業者が完成予想図の平面図やパース（透視図）の中の家具をわざと小さく描いている折り込みチラシを目にすることがあります。これは業者が〔　〕的にやっていて、家具を小さく描くことで相対的に部屋を広く見せているので〔　〕手には引っかからないようにしなくてはなりません。

第6章　プロが考慮している必須事項～住宅〔　〕

6-5 法律（建築基準法、民法ほか）

住宅を建てる際には建築基準法を守らなければなりません。法律の詳しいことは専門家に任せればいいのですが、基本的な知識は知っておいたほうが良いので、本書ではかいつまんで解説します。

(1) 用途地域

土地には必ず用途地域が決められています。これは都市計画法という法律で定められ、12種類に分類されています。用途地域が分けられている理由は、その地域に建てられる建築物を制限することで、できるだけ用途の違う建物が混在しないようにするためなのです。

用途地域によって建てられる面積も決まっています。建てられる面積とは「建築面積」と「延べ床面積」です。それぞれ建ぺい率、容積率として用途地域ごとに定められています（図表 1-1-1 参照）。

用途地域は市役所で確認することができますが、インターネットでも調べることができます。まれに変更される場合がありますので注意が必要です。

住宅は、工業専用地域を除いてほとんどの地域に建てることができます。またの用途地域とは別に市街化調整区域に築することができません。新たに土

地を買い求めるときは気をつけなくてはなりません。

(2) 斜線制限

建築規準法で、斜線制限という縛りがあります。簡単に言うと、北側ギリギリに建ててはダメですという「北側斜線制限」と、道路に接近し過ぎてあまり高い家を建ててはダメですという「道路斜線制限」、お隣にギリギリに建ててはダメですという「隣地斜線制限」があります（図表 1-1-2 参照）。

ダメダメばかりで嫌になりそうですが、いずれも周辺に配慮しましょうという目的と、住宅にちゃんと風や光が入ってくるようにしましょうという考えからですから守らなくてはなりません。用途地域によって異なりますので、詳しいことは建築士やハウスメーカーに相談するほうが賢明です。

間取りを設計する際は、住宅の外形を敷地ギリギリではなく余裕を持って考えましょう。敷地の境界線から外壁の面まで 1m 以上離しておくと、エアコンの室外機や給湯器などのメンテナンスも行いやすくなります。

また民法での制限もあり、隣地までの

最低距離を 0.5m 以上離さなくてはなりません。これも外壁面までの距離のことで外壁芯ではないので注意が必要です。

しかし建売業者がもっとギリギリに建てている住宅を見かけることもあると思います。仮にその建売を購入した後に新築で建て替えるようなことがあると、この民法の制限を受ける可能性があります。購入の際は慎重に検討する必要があります。

が、皆さんがこの式を覚える必要はありません。専門家は法律違反をするわけにはいきませんから、この法律も遵守するように設計してくれます。

皆さんがせっかく描いた間取りも、この法律で一部変更しなくてならないかもしれませんが、対処方法はいろいろありますのでプロに任せましょう。ここでは、そういう法律があるということを知っておいてください。

（3）採光に関する法律

実はこの法律は、一般の方にはとてもわかりにくい法律です。どのような法律かというと、各居室には適切な量の自然光が入らなくては人間にとって不健康なので、必ず一定以上の大きさの窓を設けなくてはならないという法律です。

住宅の場合では、居室の床面積の7分の1以上の大きさの窓が必要と定められています。ここで厄介なのは、採光補正係数を考慮しなければならないことです。採光補正係数の細かい説明は省きますが、これがあることにより、隣地境界から離れている距離が短いと、せっかく付いている窓から自然光が入りにくいはずだから、すべての窓の面積が有効だとは認めない、と法律で決められてしまうのです。

しかも採光補正係数は、用途地域によっても異なります。算定式があるのです

（4）道路（接道）に関する法律

建築規準法で、敷地は必ず道路に 2m 以上接してなくてはならないと定められています。すなわち、道路に 2m 未満しか接してないような土地には建築することができません。

しかし、不動産のチラシには、そのような物件も平然と掲載されています。そのような物件には「再建築不可」と表示されているはずなので、しっかり目を凝らしてチラシを確認することが必要です。

＜2 項道路に注意せよ＞

道路の種類も法律で定められています。その中で「2 項道路」という道路があります。正確には「建築基準法第 42 条 2 項道路」と言います。2 項道路は「みなし道路」という扱いになり、幅員（道路幅）が 4m 未満の道路がこれに該当します。

建築基準法では、4m 以上の道路に土

6 法律（建築基準法、民法ほか）

第6章 プロが考慮している必須事項～住宅建築基礎知識 ・113・

地が接していないと家を建築できないことが定められています。そのため、もし2項道路に接している土地に家を建てる場合は、2項道路を4mまで拡幅する必要が出てきます。

道路を拡幅する場合、道路の中心線から両側に均等に広げられてしまいます。これをセットバック（後退）と言います。そのセットバックしたところには、新たに家を建築することはできなくなります。そのため、敷地面積は減ってしまい、自ずと建築可能な面積も減ってしまいます。

ただし今の法律では、既存の塀を壊して作り直す義務はありません。塀がある場合は、拡幅しなくてすむこともあります。さまざまな条件があり、ちょっと難しく感じるかもしれませんが、今所有している土地が2項道路に接している可能性もありますので確認が必要です。

これから新たに土地を購入しようと計画されている方は、接道している道路幅員が4m未満の場合は要注意です。

6 法律（建築基準法、民法ほか）

第6章　プロが考慮している必須事項〜住宅建築基礎知識

コラム　地下室のすすめ

　家を建てようと思っておられる方でも、地下室を検討されている方は少ないと思います。それはなぜなのでしょうか？

　おそらく、地下室は薄暗くてジメッとしたイメージがあるからではないでしょうか。あるいは、工事が大変そうなので費用が高くつくと思われている方も多いと思います。たしかに土を掘り返すわけですから、それなりの費用は掛かってしまうのは事実です。

　アメリカや西欧では、地下室が設けられている住宅をよく見かけます。気候や風土、文化の違いもありますが、日本でももっと地下室が増えても良いと思います。正しく地下室のことを理解して適切な住まい方をすれば、とても有効な空間であることは間違いありません。

　まず法律では、「地下室部分と地上に出ている床面積の合計（延べ床面積）の3分の1までは、床面積に入れなくて構わない」という緩和措置ができました。容積率ギリギリまで地上の階で使ってしまった場合でも、地下室であればつくることができます。

　地中の温度は比較的安定していて、夏は外気温より相対的に低くなるので涼しく感じ、逆に冬は外気温より高くなり温かく感じます。どうしても地面より2〜3mの深さまでは外気温の影響を多少受けてしまいますが、それでもエアコンを入れるほどのことではありません。ただし、夏は注意が必要です。相対湿度が高くなるので、除湿などの処置を施す必要があります。

　筆者の経験では、特に夏場が涼しくて快適だと感じます。地下室は様々な用途が考えられ、例えば大きな音を出してもご近所にご迷惑をかける心配が少ないです。オーディオルームや楽器の演奏スタジオ、はたまたカラオケなどに適しています。

　アメリカのフィラデルフィアで分譲住宅を視察したときは、卓球台やビリヤード台が置かれていました。またヨガや筋トレマシンで肉体改造なども良いかもしれません。しかし繰り返しになりますが、激しい運動をすると発汗して相対湿度も上がってしまいます。くれぐれも除湿は忘れずにしましょう。

　それからもう一つ、ワインがお好きな方には嬉しい使い方があります。地下室は季節による温度変動が緩やかですからワインの貯蔵にも適しているのです。電気のいらない天然のワインクーラーが家に備わるということです（コラム図①）。

コラム図① 地下室

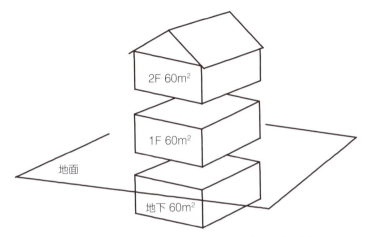

地下室は延べ床面積の3分の1　60m²まで緩和される。

第6章　プロが考慮している必須事項〜住宅建築基礎知識

間取り見本

完成図例①

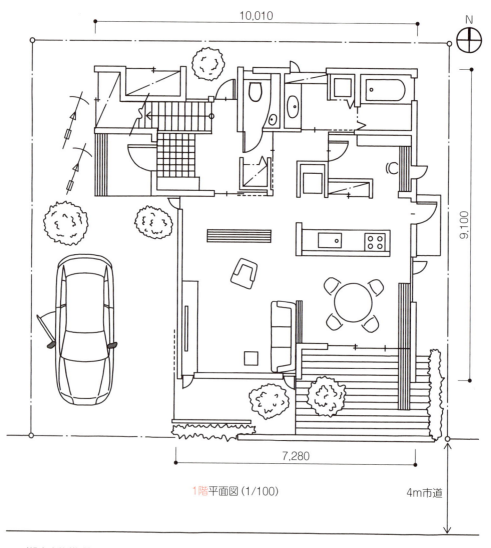

1階平面図 (1/100)

（想定家族構成）
夫婦
子供 (小学生) 2人

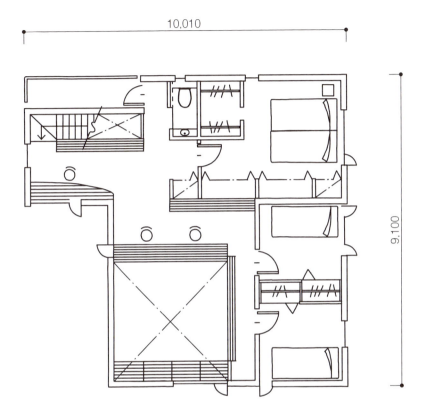

2階平面図 (1/100)

完成図例②

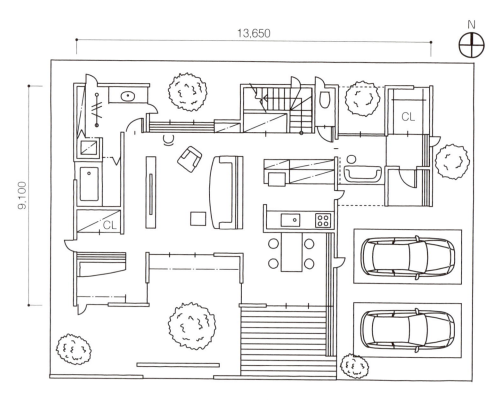

1階

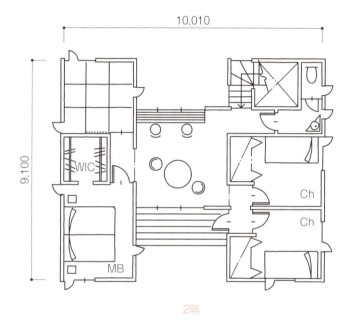

完成図例③

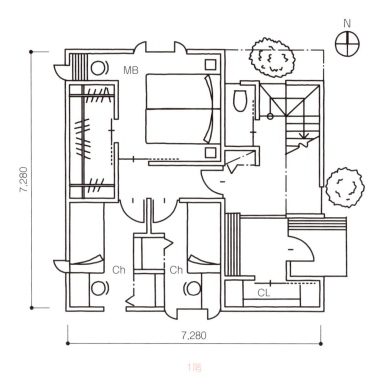

1階

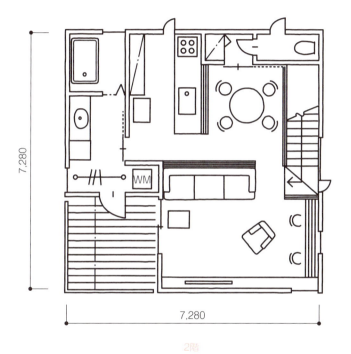

2階

間取りを描いてみよう

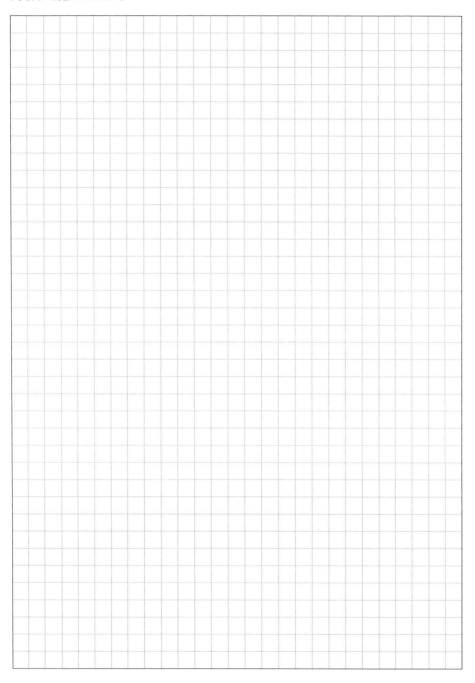

あとがき

　大学に通っていた頃、建築の書籍を買い求めたければ東京の御茶ノ水にある南洋堂と決まっていました。そこは建築専門の書店で、世の中に出版されている専門書は必ず見つけることができました。また専門の建築雑誌もほとんどすべてのバックナンバーが揃っていて、ワクワクしながら手に取っていたことを想い出します。

　なかでも「都市住宅」という雑誌は知的な匂いが装丁から漂っていて、まだヒヨッコ学生が虚勢を張るにはちょうど良く、小脇に抱えて胸を張って闊歩していました。しかし中身は文字がやたらと多く、しかも読んでも専門的というより哲学的というか、とにかく難解で読み進むことがなかなかできず、どうして建築家はこんなに難しい文章を書くのだろうかと不思議でなりませんでした。それでも、文字に埋もれそうなモノクロ写真や挿絵や図を眺めているだけで楽しくて、貧乏学生の心を癒してくれました。背表紙に小さく編集長植田実氏と記されており、さてどんなにすごい人なのだろうと思っていました。その後、数十年の時が過ぎ植田実氏にお会いする機会ができたことは今でも忘れられません。

　とても気さくな方で、関係者との食事会の後に、もう一軒お誘いしたところ快くご一緒していただき、ある雑誌の編集長と３人で新宿の想い出横丁（当時はしょんべん横丁）で熱燗をいただいた経験は私にとって貴重でした。

　私が卒業した昭和51年当時は、オイルショックの影響で想像を絶する就職難の年で、就職浪人が続出しました。建築学科の多くの学生は、将来設計事務所をやろうと考えていたのですが、不況のあおりで軒並み設計事務所が倒産していた時代です。雇ってくれるようなところはなく、将来に不安を抱いていた学生がほとんどでした。私も就職浪人を余儀なくされるのではと覚悟していたのですが、４年生の夏休みにフラッと大学に行き、学生課に立ち寄った際、求人掲示板でたまたま新卒採用の募集をしている会社をみつけ、藁をも掴む思いで門を叩きました。その会社に、その後定年までお世話になることになるとは予想だにしていませんでした。

　当時プレファブと言われ、安普請な住宅をつくっている会社と思われていた人もたくさんいらっしゃった時代です。その原因は、ビルなどの建築現場に一時的に建設される仮設事務所を「プレファブ」と呼んでいたせいもあるように思います。

　プレファブは、本来はプレファブリケーションのことで、前もって建築部材を工場でつくったり組み立てたりすることを意味しています。そのため部品の品質や精度を

高めることができ、長持ちする家ができるのです。今日ではそのような会社のことを、なぜかプレファブとは言わず、ハウスメーカーと呼ぶようになりました。私は堂々と胸を張ってプレファブメーカーと言えばいいのに、と今でも思っています。

　いつも比較対象にされたのが、建築事務所の設計する住宅でした。私の就職した会社は、実際に自由設計を謳っていたにも拘わらず、それほど設計の自由度は高くなく、自由な発想を指導されていた大学の授業とは大きくかけ離れていて、入社当時はとてもつまらなく思えました。しかし、時代とともに部材や構造の研究開発が進み、今では設計の自由度は建築家の住宅設計に遜色ないぐらいに進歩しました。その結果として、部材点数は天文学的に膨れ上がりギネスに載りそうな勢いです。果たしてこの方向が正しかったのでしょうか。私は今だに疑問でなりません。

　本来、住まいはとてもシンプルが良いのだと思います。一部の設計事務所のように、人目を惹くような奇をてらった家をつくるのがプレファブメーカーの役割だとは思えませんし、それがカッコイイとも思えません。ごく普通の家をつくることこそが素敵なのではないかと思っています。

　あるときプレファブメーカーの住宅をケーキに例えられて、デコレーションケーキみたいだと揶揄されたことがあります。当時一社員であった私は、装飾的な住宅デザインの方向性に対して疑問を抱いていたので、デコレーションケーキというある意味、的を射た厳しい指摘に対して、やはりそう思われているのかと心が痛んだものです。部材を必要以上に用意すれば当然ゴテゴテとなってしまう可能性が高まり、デザインはスッキリしなくなります。しかし私はハウスメーカーの設計社員の一人ひとりがとても優秀で素晴らしい設計力を持っていることを良く知っています。もっとシンプルにスッキリとしたデザイン住宅をつくって欲しいと思います。

　日本の住宅の構造や性能は世界に誇れるものとなりました。その意味でも、そろそろ頻繁に古くなった家を壊し新築に建て替えるスクラップ＆ビルドの時代は終わりにしなくてはなりません。長く住み続けられるように工夫された住まいの設計手法を確立することが重要だと思います。

　この本は一般の方が自分で簡単に間取りをつくることができれば良いのではという思いから書き進めてきましたが、すべてをわかりやすく説明することは想像以上に難しく、理解しにくかった点も多々あったのではないかと反省しています。特に構造のことにはあえて触れていません。柱がどこに必要か、筋かいをどこに入れなくてはならないか、などは専門的すぎると思ったからです。例えば窓を壁一面すべてに入れたラフプランをハウスメーカーに見せたら、おそらく窓の一部を壁にしてくださいと言

われるはずです。しかしそれも木造ではなく鉄骨やコンクリートであれば、要望通りの間取りができるかもしれません。大切なのは、まず自分が良いと思う間取りを自分自身で描いてみることだと思います。自信を持って楽しみながら間取りをつくっていただければと思います。

　この本の企画は日刊工業新聞社の編集者からの提案でした。初めてお目にかかったのは同社が主催されていたシンポジウムに私が登壇させていただいた際に、ご挨拶した記憶がありました。たまたま私の氏名と3文字が一緒ということで、奇遇だなと思い鮮明に記憶に残っていました。それから数年が経ち、私もサラリーマン時代を終え教職についていたある日、私のことを思い出していただきご連絡をいただいた次第です。最初は私のような建築士の端くれが、偉そうに間取りについて講釈することには腰が引けていました。しかし、今まで経験したことを素直に執筆してもらえばいいと言われ、重い腰をあげる決心をしました。

　しかし案の定、ペンはなかなか進まず、いったいいつ完成するのだろうかという日々が続き、関係者の皆さま大変ご迷惑をおかけしました。間取り作成の著書は数々出版されており、内容が被らないように気をつけながらの作業でしたが、私の拙い文章を丁寧に校正してくださった書籍編集部の方々には心より感謝致します。

　また私が今日、住宅設計のプロとして、読者の方々や若き学生たちに間取りのつくり方を教えることができるようになったのも、前職の会社に新卒で入社して初めて出会った設計課の課長であった左奈田三郎氏や、2年先輩の作田幸勇氏から、長年にわたり丁寧に設計手法を教えていただいたおかげです。またシステム建築の考え方や美しい住まいの作り方について、設計部の部長であった太田博信氏から学びました。また人との接し方や生き方を穏やかな口調で指導してくださった入社当時の事業所の所長であった片岡勇征氏からの影響は大きく、住宅設計に臨む際の心がけとしての真摯さや謙虚さを学んだことが、今日の私自身を形成したと思います。また同期で今でも親友の営業マンだった服部幸宏君からは、営業の仕事の醍醐味や大変さについて教わりました。これまで社会に出てから四十数年の間に多くの方からご指導いただき支えていただいた皆様に、この場を借りて心より感謝の意を表します。

［著者紹介］

木村 文雄（きむら　ふみお）
近畿大学　建築学部建築学科　教授

1976年3月芝浦工業大学工学部建築学科 卒業。同年4月積水ハウスに入社。住宅設計、CAD開発、商品企画、研究開発などに携わり同社総合住宅研究所長を経て2013年4月より現職。
サステナブル社会に求められる住まいについて研究。
山形大学特任教授、一級建築士

住みたい間取り
自分でつくる快適空間

NDC527.1

2017年11月30日　初版1刷発行

定価はカバーに表示してあります。

ⓒ著　者	木　村　文　雄	
発行者	井　水　治　博	
発行所	日刊工業新聞社	

〒103-8548　東京都中央区日本橋小網町14-1
電　話　　書籍編集部　　03-5644-7490
　　　　　販売・管理部　03-5644-7410
　　　　　FAX　　　　　03-5644-7400
振替口座　00190-2-186076
URL　　　http://pub.nikkan.co.jp/
e-mail　　info@media.nikkan.co.jp

印刷・製本　美研プリンティング

落丁・乱丁本はお取り替えいたします。　　2017 Printed in Japan
ISBN 978-4-526-07769-2　C3034

本書の無断複写は、著作権法上の例外を除き、禁じられています。